Strategic transformation of Directors and Executive Officer

経営戦略としての
取締役・執行役員改革

真のグローバル企業に向けての
「監督と執行の本格的分離」

コーン・フェリー
柴田 彰 Akira Shibata
酒井博史 Hirofumi Sakai
諏訪亮一 Ryoichi Suwa

日本能率協会マネジメントセンター

はじめに

本書は、会社法に関する専門書ではない。より広い読者層に向けた、一般ビジネス書である。どうしてこのようなことを冒頭で宣言するかというと、日本では取締役やガバナンスというと、法律絡みの極めて専門的な領域の話であると見ている節があるからだ。事実、大型の書店を覗いてみると、例えば取締役の報酬に関する書籍、コーポレートガバナンスに関する書籍は、ほとんどの場合、会社法の棚に陳列されている。これが、日本における一般認識なのだろう。そしておそらくは、大半のビジネスパーソンは、自分にはあまり関係のないテーマだととらえているはずである。

かなり壮大で野心的な試みにはなるが、本書を通じて、そうした既存のイメージを少しでも変えることができたらと考えている。確かに、取締役は会社法によって規定されているものであり、一定の法に対する理解は求められよう。また、昨今、話題にのぼることが多くなったコーポレートガバナンスも、その出自から法規制と濃密に関係するものである。そのため、取締役の問題も、より大きく見ればガバナンスの問題も、法律順守という守りの視点から考えるべきものと見られている。しかし、それが実にもったいないことだと思えて仕方ない。

筆者が所属するコーン・フェリーは、グローバルに活動している組織と人事を取り扱うコンサルティング・ファームである。クライアント企業のさまざまな組織・人事テーマに対してコンサルティングを行っているが、欧米先進国においては、ボードに関するコンサルティングがとみに盛んである（これを、コーン・フェリーではボード・プラクティスと呼んでいる）。ボード（Board）とは、日本語では取締役のことを指しており、まさに欧米では取締役会の改革が主要なアジェンダ（検討事項）となっている。取締役会の評価や取締役のサクセッション（後継者育成）にはじまり、コーン・フェリーはクライアント企業の取締役改革をさまざまな側面から支援している。米国を中心に、どうして欧米先進国ではこれほど取締役に対するコンサルティングが盛んなのかといえば、ガバナンスが自社の永続的な発展に向けて、極めて重要なテーマだと受け止められているからだ。

ぜひ、本書の中身をご覧いただきたいが、取締役を中心としたガバナンスの体制を改めて、大きな成長を遂げたグローバル企業が数多く存在する。また、日本企業のなかにも、ソニーのようにコーポレートガバナンスを改革することで、一定の成果をあげた企業が少なからず存在する。これらの企業は、コーポレートガバナンスを〝守り〟一辺倒ではなく、企業価値を高めるという〝攻め〟の姿勢で実践しているのだ。

ところが、日本においてニュースで話題になっているのは、ガバナンスの未成熟性に端を発する一連の不祥事ばかりである。取締役会による健全なチェックがかからないことで、経営執行側が暴走してしまう。残念なことに、攻めどころか、守りすらできていないということだ。

日本企業のコーポレートガバナンスが十分に機能していないのは、長らく指摘されてきたとおり、監督と執行が分離できていない点に主たる原因がある。監督を行う側と、執行を任される側とが一人格化してしまっているため、健全な牽制がかかりにくい構造になっている。そのため、真剣に企業価値を高めようとするならば、取締役の改革だけでは不十分である。両者を切り離したうえで、経営執行サイドにもメスを入れていかなければならない。その意味で、本書のタイトルを「取締役・執行役員改革」と定めた。また、より広い読者の方々に、それらの改革が専門家の仕事ではなく、より経営に直結したテーマであることを知っていただきたく、「経営戦略としての」という枕詞を入れた。本書を通じて、この思いが少しでも伝われば幸いである。

第2章　企業価値を高める取締役改革の論点

第3章　日本の社外取締役の実情

第5章 〝人〟ではなく、〝役割〟で考える役員体制

序　章

2021年、取締役・執行役員改革がはじまった

1 役員という聖域

読者の皆さんは「役員」という言葉を聞くと、どんなイメージを想起されるだろうか。自社ビルの最上階に位置する重厚な役員室、役員専用の豪奢な社用車、一般の従業員とはかけ離れて高額な報酬、といったところだろうか。あるいは、若年の社員から見ると、何をしているのかはわからないものの、会社のなかで偉い人、といったイメージかもしれない。そのいずれにしても、役員という言葉は、社内における格式が高い重鎮を思い起こさせる響きをもっている。

また、日本企業においては、役員とはアンタッチャブルな聖域を意味しているようにも思える。

これまで、日本企業はさまざまな困難を迎えると、社員の処遇改革を実施してきた。少し前に遡ると、バブル崩壊後にかつてのような右肩上がりの成長が不可能だと悟った日本企業は、成果主義の名のもとに人件費の削減を行った。それ以降も、人件費の高騰を抑える必要性に駆られた企業では、伝統的な職能型から職務型に人事制度を切り替えるなどして、社員の処遇に手をつけてきた。業績悪化がより深刻な企業では、早期退職制度などを使って、報酬の減額にとどまらず、社員の削減にまで踏み込んできた。

しかし、長年見てきたところでは、社員にはある程度の痛みを伴う改革を強いるものの（もちろん、痛みばかりとは言い切れないが）、役員だけは手つかずの企業がほとんどだった。

筆者らは、数えきれないほどの日本企業に対して、職務型の人事制度、昨今ではジョブ型制度と呼ばれるものの導入を支援してきた。この制度の要点は、各人が担っている仕事の価値の大きさに応じて、報酬額を決めるというものである。ジョブ型制度を導入すると、同じ部長格であったとしても、やっている仕事が違えば給与が異なる、という事態が起こる。場合によっては、課長のほうが部長よりも給与が高くなることもあり得る。これを役員の世界に置き換えて考えてみると、常務のほうが専務よりも多くの報酬が得られるという、役位間の逆転が生じることを意味する。

ところが、ジョブ型制度の導入を決めた日本企業では、暗黙的に役員は「対象外」と決まっていたようだ。なかには、今回の制度改定の対象は従業員層のみで、役員はその対象としないと明確に公言していた企業もあった。組織改革は上位層から実施するのが定石であるとわかっていても、上位層の象徴である役員の処遇には着手しなかった、いや、できなかったのである。通常は人事制度改定の主管部署は人事部門だが、役員の報酬は総務部門や秘書室が主管となっていて、人事の主管ではない。他にも、ジョブ型制度の導入に対する経営陣の抵抗を忌避して、役員には目をつむるなど、役員を対象外とする理由はいくつか考えられる。しかし、素直に考えれば、これはとても不自然なことである。「役員は聖域」という趣旨の発言をいくつかの企業で聞いたことがあるが、まさにそのとおりだ。

しかし、時代は変わり、役員は聖域などと悠長なことを言ってはいられない状況を迎えている。

最近、役員の数を減らそうとする企業が出てきている。取締役や執行役員の数にメスを入れたいくつかの大企業が、新聞などでも大々的に報じられた。

また、これまでは密室的に決められてきた役員の報酬を透明化し、積極的に世間の目に晒そうとする動きも見逃すことはできない。

日本企業にとって役員はもはやアンタッチャブルな存在などではなく、現実的な改革対象になってきているのである。

2 コーポレートガバナンス・コードと改正会社法がもつ意味

役員を対象とした改革の契機となったのは、２０１５年に公表されたコーポレートガバナンス・コード（以下、ＣＧコード）であるといってよい。ＣＧコードは法的拘束力のないガイドラインとして機能し、東京証券取引所に上場している企業に対し、コーポレートガバナンスの実践を後押しするためのものである。ＣＧコードにはいくつかの原則が含まれているが、こと役員に関していえば、企業の監督責任を負っている取締役に主に焦点を当てたものである。ＣＧコードの内容は第１章で詳述するが、独立社外取締役の設置や取締役の選任・指名、取締役の報酬などに対して言及がなされている。しかし、取締役の話だけに限られたものかといえば、決してそういうわけではなく、〝経営陣〟の選任や報酬にまで踏み込んだ内容となっていた点に留意が必要である。

ここで、ＣＧコードの話からは少し逸れるが、役員の定義について考えてみたい。正確を期すのであれば、会社法に則ると役員は「取締役」「会計参与」「監査役」のことを指しており、役員等の場合はこれらに「執行役」「会計監査人」なども含まれる。しかし、企業内で役員という言葉を使用する際に、この厳格な定義に基づいているかというと、そんなことはないだろう。通常は、取締役と執行役員、場合によっては執行役員に準ずる役位として使われている理事なども含めて、役員と呼んでいるはずだ。

この、会社法と日常との言語運用の違いは、日本企業における監督と執行の未分化に原因が求められる。ご記憶の方も多いかと思うが、日本に執行役員たるものが誕生したのはそう古い話でなく、１９９０年代の後半である。それまでは、日常的な会話のなかでも、役員といえば取締役のことを指していた。

執行役員制度が誕生した背景には、監督と執行を分離させるとともに、増え過ぎた取締役の数を減らして、意思決定のスピードを上げたいという狙いもあった（第４章で詳述）。

なお、ここであえて触れておきたいのだが、執行役員とは会社法によって定められている機関や役職ではない。企業が自分たちの考えに沿って、制度化をするべきものである。その反面で、取締役とは会社法の定める株式会社の機関であって、本来的には決して処遇や待遇のことではない。株主総会や取締役会と同じ、1つの機関なのである。

取締役を機関だというと、違和感を感じられる方がいるかもしれない。会社法では、会社の意思決定や業務執行を行う権限を与えられた地位のことを、機関と呼んでいる。つまり、取締役は単なる待遇や役職などではなく、会社法によって規定された、機能的な役割だととらえるのが正しい。

ところが、かつての日本企業では、取締役は出世競争の1つのゴールであり、取締役にまで上り詰めることができれば、高い身分と報酬が約束された。取締役を機関と考えるのではなく、社員が頑張って目指すべき待遇であると位置づけてきたとすらいえる。そのため、社員数が増えれば増えるほど、取締役の数も増えていく結果となった。

そうして数が増えた取締役が、監督の責だけを負う形になるわけはなく、従業員である本部長や部長と何も変わらない、執行を担う取締役が普通に存在するようになった。ここに、日本企業の監督と執行の分離が進まない最たる原因がある。

執行役員制度は、両者の分化を図ったものだったが、実際にはその目的は果たせたのだろうか。残念ながら、その答えは限りなく「ノー」に近いであろう。

確かに、見た目のうえでは取締役の数が減った企業が多い。ただし、取締役と執行役員を合計したトータルの人数で見ると、変わらないどころか増えた企業すらある。それでも、取締役と執行役員間で、役割の整理が進んだのであれば問題はないのだが、取締役から執行役員に名前を変えただけ、というのが大半の実態である。それでは、監督と執行の分離のみならず、意思決定のスピードアップなどは到底叶わない。新たに執行役員のタイトルが増えただけで、監督と執行の未分化という問題は、依然として根源的には解決されずに残っているのである。

さて、ここでCGコードの話に戻りたい。2015年の適用以降、多くの日本企業で役員に関していくつかの動きが出てきた。しかし、それらの動きは何も取締役だけに限ったものではなく、執行役員も含めた役員全体（会社法上の定義ではない）に及ぶものであった。CGコードの影響によって、2015年以降に活発化した取り組みの具体例をいくつかあげてみたい。

①取締役会の実効性評価

②独立社外取締役の選任と、（任意も含めた）指名・報酬委員会の設置

③経営者と役員の後継者計画の策定

④中長期的な業績と役員報酬との連動性の強化

もちろん、これ以外にもあるだろうが、以上の4つは数多くの企業で着手されたものである。①と②は、完全に取締役を対象としたものだ。一方の③と④は、取締役だけではなく、もう少し広い範囲で役員全体を対象とした取り組みである。③の後継者計画の策定については、代表取締役を兼ねる社長の後継者だけにとどまらず、執行役員まで含めた後継者の選抜と育成に力を注いでいる企業が少なくない。また、④の役員報酬では、株式報酬などを用いた中長期インセンティブを導入して、会社の中長期的な業績と報酬との連動性を高めるのが要旨となるが、これも取締役だけに限らず、執行役員も改革対象とする企業が過半である。というよりも、執行役員の報酬を中心に考え、取締役の報酬はついでに、という感が否めない印象すらある。

本来、ガバナンスの高度化を推進する目的のCGコードであるにもかかわらず、どうして監督側の取締役だけではなく、その名のとおり、執行を担う執行役員までも射程に入ってくるのだろうか。いうまでもなく、取締役会がガバナンスを強化するために、執行側に対する監督の仕組みを整えるという側面もあるにはある。あるべき姿に照らせば、それが本分だろう。しかし、各企業の検討実態を見るにつけ、いまだに監督と執行を十分に分離できていないことが、執行役員も含めた改革にはつながっていないと思えてならない。それが悪いことであると断じるつもりはない。むしろ、これまで聖域のように扱われてきた役員という領域に、健全なメスが入ったという点で、CGコードの適用は大きな意味があったと考える。外圧によって、ようやく日本企業の役員にも風穴があいたのである。

もう1つ、忘れてはならないのが、令和元年に公布された改正会社法である。実に、5年ぶりの大改正となった令和元年の改正は、経営環境の変化を踏まえつつ、コーポレートガバナンスを強化することをねらいとしたものだった。本書は会社法を論じるものではないため、改正の詳細については割愛するが、取締役に直接的な影響を与える改正内容に少し触れたい。その1つが取締役の報酬に関するもので、もう1つが社外取締役の設置に関するものだ。

取締役の報酬については、その透明化と適正性の担保を目的として、定款や株主総会で個々人の報酬が具体的に決められていない場合には、取締役会で報酬の決定方針を定める必要が出てきた。また、取締役が企業の中長期的な業績を向上させる動機づけとすべく、株式を取締役への報酬として支給できることを明示したのである。社外取締役の設置は、前回の改正までは義務化をされていなかったが（設置しない場合にその理由を説明する義務にとどまる）、令和元年の改正では、監査役設置会社にも設置が義務づけられた。この改正においては、そのほかにもガバナンスの強化を意図した内容が織り込まれているが、先述の2つの変更を含めて、ＣＧコードと符合する内容となっている。ＣＧコードの適用によってはじまった役員を巡る改革の機運が、会社法の改正によってより強まる格好になったといえるだろう。

3 2021年という大きな節目

２０２１年は、日本で取締役・執行役員の改革が本格的にはじまった年として記憶されるだろう。まさに、役員改革元年と呼べる年になるはずである。その気運の高まりを生むのは、２０２１年6月11日に東京証券取引所から施行された、改訂ＣＧコードであるといって間違いない。その内容は、是非とも第1章以降でじっくりとご覧いただきたいが、取締役会の機能発揮に関して、これまで以上に大きく踏み込んだ改訂がなされた。

取締役会に関する今回の大きな改訂ポイントは、何といっても独立社外取締役の有効活用、取締役会の実効性確保だろう。前者は、プライム市場への上場会社では、独立社外取締役を3分の1以上選任することを求めている。また、指名委員会、報酬委員会などの各委員の過半数に、独立社外取締役を選任することも求めている。後者では、取締役会の実効性をより確実なものとするため、取締役会が備えるべきスキルを特定し、スキル・マトリックスを作成して開示することを求めている。加えて、独立社外取締役が具備すべき要件に、他社での経営経験が追加された。

これらの改訂が及ぼす影響は、字面以上にとても大きいものだ。

まず、企業側の独立社外取締役に対する需要が飛躍的に大きくなる。すでに各種メディアが指摘をはじめているが、日本における独立社外取締役の不足が、すぐに顕在化するだろう。この不足は、量と質の両面を意味している。純粋に独立社外取締役の必要数が増えるのは自明である。

ただし、問題は量だけにとどまらない。本質は、日本のなかに独立社外取締役の責務を十分に果たせる人材が、どれだけ存在しているのか、ということだ。正直なところ、現役の社外取締役のなかにも、企業経営の高度化に寄与できる人材が潤沢にいるとは思えない。しかも、今回のCGコードの改訂によって、他社での経営経験が求められることになった。ただでさえ数が不足するのに、さらにハードルの高い人材要件が付加されたのである。

現状ですら質の面に不足があるにもかかわらず、必要とされる独立社外取締役の数が増えることによって、さらなる質の低下を招く恐れが高い。この問題に、企業側はどう対処していくのだろうか。

改訂CGコードの施行に伴い、取締役改革のボタンは押された。

他方、もう一方の役員である執行役員にも、この1~2年で地殻変動が起こりつつある。執行役員の数を減らそうとする企業が出ているのは、先に触れたとおりである。ただ、日本企業の執行役員改革はそれだけにとどまらない。「そもそも、執行役員の役割とは何なのか」という問いが、多くの日本企業に投げかけられている。筆者の経験からは、この問いに明確に答えられる企業はほとんどないように思われる。役割が明確でない職務に、一般従業員をはるかに凌ぐ高額な報酬を支払っているようでは、企業は社外のステークホルダーへの説明責任を果たすことはできない。

また、役割が曖昧であることに起因するが、執行役員の評価も極めてグレーな企業が多い。本来的にいえば、高額な報酬が支給されている人ほど、厳格に結果が問われるべきである。報酬は結果責任の裏返しであるべきだ。ところが、執行役員になった途端に、業績評価が不明瞭なものとなる傾向が強い。これもまた、社外のステークホルダーからすれば、全く理解しがたいことだ。


多くの日本企業では、以上のような執行役員の不透明性に対して、社外取締役からの指摘が入っている。2021年に入ってから、社外取締役からこの種の指摘を受けて、真剣に対応せざるを得なくなった企業が飛躍的に増えた。なかには、社外取締役からの指摘を真摯に受け止めて、自発的に執行役員の改革に乗り出す企業もあるが、これまでも指摘を受けてきたにもかかわらず検討を先延ばしにし、もう逃げられなくなって重い腰を上げた企業もある。

いずれにしても、執行役員を〝人〟ではなく、〝役割〟でとらえ直す改革がスタートしたのである。

4 取締役と執行役員、両方の改革が不可避に

あえて言及するまでもないが、取締役は監督の責を負い、執行役員は執行の責を負うものである。監督と執行の分離がガバナンスの原理原則であることを鑑みれば、それぞれは別個に論じるべきもののように思われる。しかし、相互は一体のシステムであり、両者は健全な緊張関係を保ちつつ、企業を永続的に発展させるという共通の目的を共有しなければならない。よって、監督は監督、執行は執行と切り離して個別に扱ってはならないものである。とはいえ、無論のことながら、取締役と執行役員の両者を混然一体とし、一人格で考えるのは誤りである。

最近、日本で後を絶たない企業の不祥事は、監督と執行の双方を一人格化してしまい、健全な企業統治が働かなくなったことにも大きな一因がある。やはり、日本企業では監督と執行がまだまだ分離できておらず、それは絶対的に課題である。このままでは、海外の投資家からの、日本企業に対する信頼が損なわれていくばかりであろう。これまで以上に、海外投資家の存在感が増している現在において、その信頼を失うことは日本企

業にとって致命傷となりかねない。

日本人は、個人で見ればとても遵法意識が高い民族であるといわれている。しかし、個人が集まって組織になると、遵法の美徳をもった人々の集まりでも、平然と法を犯してしまう。そこには、協調性の高さという日本人の特性が、悪い方向に作用している面も多分にあるとは思うが、チェックの目が光らないという構造上の欠陥があるのも間違いない事実である。コーポレートガバナンスを高度化するうえで、取締役の改革は不可避のテーマである。

ただし、いくら取締役の改革を進めて監督機能を強化したとしても、実際の事業執行を担うのは、多くの場合、執行役員であることに変わりはないだろう（無論、執行役員を廃止した企業では、その執行を担うのは執行役員ではなくなるが）。取締役会からのモニタリングを受けつつ、取締役の知見や洞察を経営に活かしていくには、強い執行体制が欠かせない。執行体制が堅固なものでなければ、頭ばかりが肥大化して、体がそこに追いついていないがごとくである。いいかえるならば、取締役会と執行体制は表裏一体であり、両者を同時に高度化していくべきだ。

加えて、日本企業において、取締役会と執行体制を切り離して別個に論じることができないのは、ある意味では相反する話になるが、双方が未分化だからに他ならない。両者が混然一体となっているなかでは、そこをどのように切り離していくべきかが、高度化に向けた大きな論点になる。

これは言うは易しの論点だが、取締役と執行役員、それぞれの責務を果たせる人材の不足といった要因などによって、行うは難しというのが実態だ。頭では皆、原理原則はわかっているのに、実際には分化が進んでいない日本企業では、正論を振りかざしているだけでは進歩は望めない。監督と執行の双方を同時に視野に入れて、進むべき道筋を考えていかねばならない。

コーン・フェリーの世界規模での調査研究によって、取締役会と執行体制、それぞれに発展段階が存在することが明らかになっている。企業経営を高度化させるにあたり、上がるべき階段があるということだ。この発展段階に照らすと、残念ながら大半の日本企業は、まだまだ低い段階にあるといわざるを得ない。しかし、だからといって、すべての日本企業が一足飛びに高い段階へジャンプするべきかというと、そんなことはないはずである。階段の上がり方やスピードには、各企業の状況に応じた違いがあってしかるべきではないだろうか。

自社に適した経営高度化のロードマップを考えていくうえで、本書が少しでも参考になれば幸いである。

本書は2部構成となっており、第1部では取締役の改革、第2部では執行役員の改革、という形になっている。最終的には、1部と2部ともに通読いただきたいのだが、どちらを先に読んでも問題のない内容になっている。ご興味に応じて読み進めていただければと思う。

現在のところ、監督と執行体制、つまり取締役と執行役員の双方における論点を網羅している書籍は、本書以外にはそれほど存在していないと思う。

この書籍を通じて、日本でもついに取締役・執行役員改革が本格的にはじまったのだということを、読者の皆様に実感していただければと願っている。

第1部
経営戦略としての取締役改革

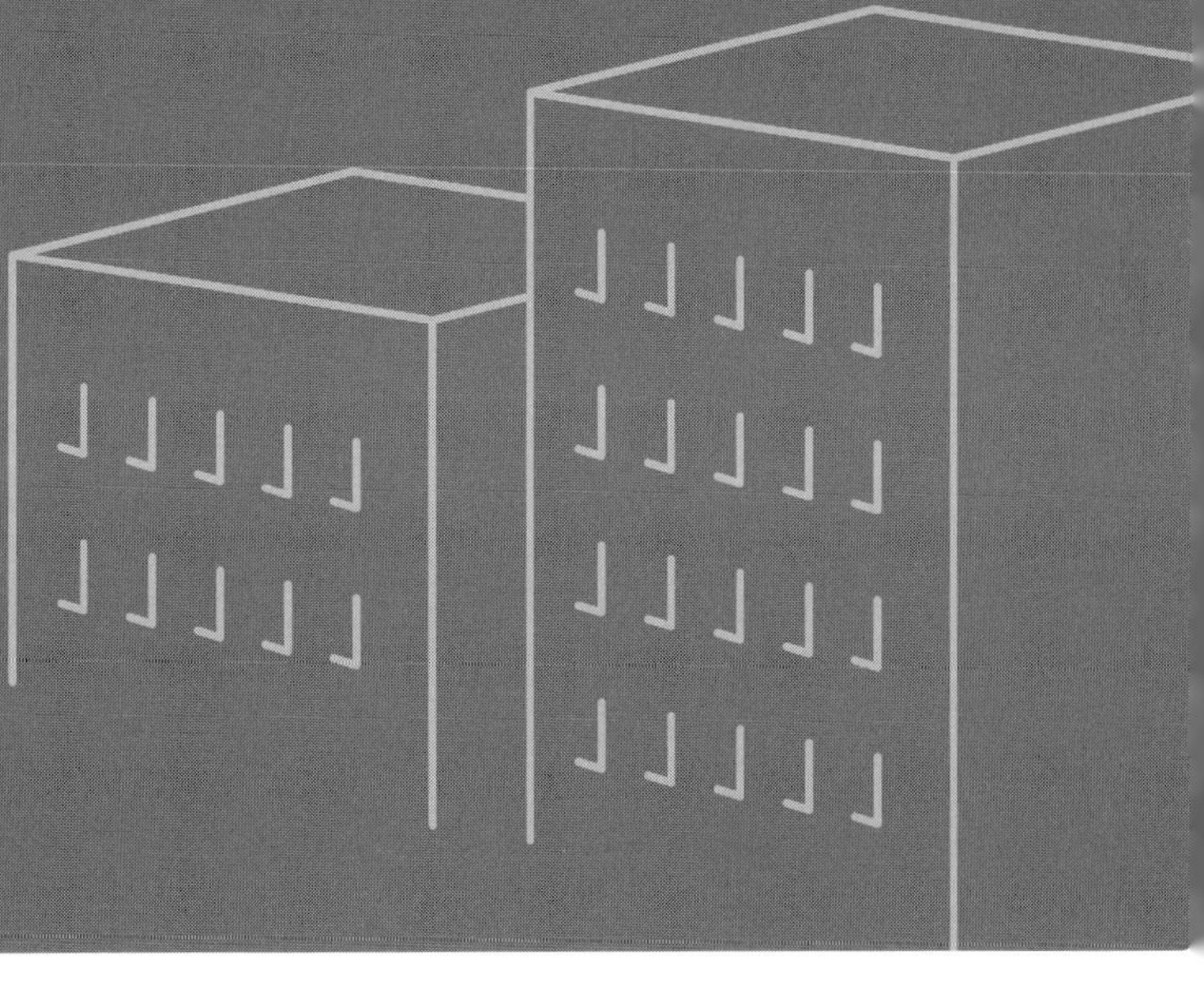

第 1 章

取締役会に迫る改革の圧力

1 改訂コーポレートガバナンス・コードが取締役会に求めること

〝形式的〟な整備が進んだ日本のコーポレートガバナンス

2015年6月、上場企業に対してコーポレートガバナンス・コード（以下、CGコード）が適用された。「独立社外取締役を少なくとも2名以上選任」「独立性・客観性と説明責任を強化するための任意の指名・報酬委員会の設置」など、従来の経営体制に変化を促すCGコードの導入を契機に、日本企業のガバナンス体制には顕著な変化が見られる。東京証券取引所（東証）発行の『東証上場会社コーポレート・ガバナンス白書2021』によると、独立社外取締役を3分の1以上選任する東証一部上場企業の割合は、2014年6・4%から2020年58・7%と大幅に増加した。また、指名委員会等設置会社を除いて、任意の指名委員会・報酬委員会を設置する東証一部上場企業の割合はすでに過半数に達している。

日本のCGコードは、経済協力開発機構（OECD）のコーポレートガバナンス原則の考え方を基礎としつつ、海外主要国のガバナンスモデルも参考にして策定されている。基本原則として、次の5つがある。

- **株主の権利・平等性の確保**
- **株主以外のステークホルダーとの適切な協働**
- **適切な情報開示と透明性の確保**
- **取締役会等の責務**
- **株主との対話**

CGコードは、いわゆるソフトローといわれており、「コンプライ・オア・エクスプレイン」（原則を実施するか、実施しない場合にはその理由を説明するか）の手法を採用している。東証一部2172社のうち、すべての原則を実施している会社は26・0％、原則の90％以上を実施している会社は62・6％など、CGコードの原則を実施することを通じた形式的な体制整備は進展している。

一方で、「稼ぐ力の向上」や「攻めのガバナンス」という改革の理念のもと、経営の質を高めるという観点から本質的に高度なガバナンスに移行したといえる会社はそれほど多くなく、日本の大半の企業が形式的な対応にとどまっているとの指摘が多い。

そのようななか、経済産業省のＣＧＳ研究会（コーポレート・ガバナンス・システム研究会）などでさまざまな実務指針が提示されるなど、「形式から実質」を目指した動きが加速している。

東証の市場再編とＣＧコードの改訂により加速する圧力

東証は２０２２年４月に、現在の市場第一部・市場第二部・マザーズ及びＪＡＳＤＡＱの４つの市場を、プライム市場・スタンダード市場・グロース市場の３つの新しい市場区分へと再編する。新たな市場区分のコンセプトは、次のとおりである。
プライム市場…グローバルな投資家との建設的な対話を中心に据えた企業向けの市場
スタンダード市場…公開された市場における投資対象として十分な流動性とガバナンス水準を備えた企業向けの市場
グロース市場…高い成長可能性を有する企業向けの市場
現在の上場会社が新しい市場区分にそれぞれ移行するにあたっては、株主数、時価総額、流通株式数・比率、収益基盤・財政状態、ガバナンスなどの上場基準を満たす必要があり、この上場基準のなかにCGコードの適用が組み込まれている。

具体的には、プライム市場及びスタンダード市場の上場会社はCGコードの「全原則（基本原則、原則、補充原則）」（注：プライム市場は一段高い水準の内容を含む）について、グロース市場の上場会社はCGコードの「基本原則」について各原則を実施するか、実施しない場合にはその理由をCG報告書において説明することが求められる。

そうしたなか、2021年6月にCGコードが改訂されたが、その主な狙いは次の3点にある。

⑴取締役会の機能発揮
⑵企業の中核人材における多様性の確保
⑶サステナビリティを巡る課題への取組み

この改訂により、プライム市場の上場会社に対する追加的な要件が加えられており、他の市場区分と比較してプライム市場の上場会社はより高度なガバナンスが求められることになる。改訂の主なポイントは図表1－1のとおりである。

の主なポイント

スタンダード市場
独立社外取締役を取締役全体の2名以上選任 （必要と考える場合は、3分の1以上）
支配株主を有する上場会社は以下のいずれかに対応 •独立社外取締役を**3分の1以上選任** •支配株主と少数株主の利益相反について審議・検討を行う独立性を有する者で構成される**特別委員会を設置**
—

験・能力等）を特定したうえで、**各取締役のスキルを一覧化したスキル・マトリック**

めるべき

用）等の多様性確保についての**考え方と自主的かつ測定可能な自主目標の開示**
実施状況と併せて開示

社の取組みを開示
経営課題との整合性を意識したわかりやすい情報を開示

—

分や事業ポートフォリオに関する戦略の実行が、企業の持続的な成長に資するよう、

図表1-1　コーポレートガバナンス・コード改訂（2021年6月）

項目	原則	プライム市場
(1)取締役会の機能発揮	4-8	独立社外取締役を取締役全体の**3分の1以上選任** （必要と考える場合は、過半数）
	4-8③	支配株主を有する上場会社は以下のいずれかに対応 •独立社外取締役を**過半数選任** •支配株主と少数株主の利益相反について審議・検討を行う独立性を有する者で構成される**特別委員会を設置**
	4-10①	•独立社外取締役を各委員会の構成員の**過半数選任** **•委員会構成の独立性に関する考え方・権限・役割等を開示**
	4-11①	•経営戦略に照らして取締役会が備えるべきスキル（知識・経 **ス**を取締役の選任に関する方針・手続きと併せて開示 •その際、**他社での経営経験を有する人材**を独立社外取締役に含
(2)企業の中核人材における多様性確保	2-4①	•管理職における**多様性の確保（女性・外国人・中途採用者の登** •多様性の確保に向けた**人材育成方針・社内環境整備方針をその**
(3)サステナビリティを巡る課題への取組み	3-1③	経営戦略の開示にあたって、自社サステナビリティについて**自** **人的資本や知的財産への投資等**についても、自社の経営戦略・
	3-1③	気候関連財務情報開示タスクフォース（TCFD）またはそれと同等の枠組みに基づく**気候変動関連開示の質と量を充実**
	4-2②	取締役会は**サステナビリティを巡る取組みの基本的な方針を策定** 人的資本・知的財産への投資等の重要性に鑑み、経営資源の配 実効的に監督を行うべき

懐疑的な意見も根強いCGコードへの対応

日本企業のコーポレートガバナンスの現場では、CGコードへの対応を「必要悪」としてとらえる声も根強い。例えば、2021年のCGコードの改訂に対する某大手企業の部長の反応は次のとおりであった。

「CGコードがまた変わるのですね。当社は上場企業なのでCGコードに従わざるを得ませんが、これに対応したところで会社が良くなるとも思っておりません。スキル・マトリックスとかサステナビリティ関連の開示など報告書の内容を追加でたくさん作文する必要があります。上場会社として仕方ないですが、現場としては単なる負担増ととらえております。独立社外取締役の3分の1以上の要件については、社内取締役の人数を減らして取締役総数（＝分母）を減らすことで、対処しようと考えております。」

政府主導によるCGコード導入などを契機として形式的な体制整備が進んできたとはいえ、取締役会のあるべき姿を明確にして、高度化に真剣に取り組む企業は残念ながらまだそれほど多くないのが実態である。

実際に、コーン・フェリーが上場企業とガバナンスの議論をするなかでは、規制やルールにどのように遵守するかの方法論や技術論の〝Ｈｏｗ〟に議論が帰着してしまっており、そもそも取り組みの成果としてどのような姿を目指しているか〝Why〟や〝What〟を検討していないケースがあまりにも多く感じられる。

形式的に対応する企業からは、「政府主導で会議体や社外取締役の人数だけが増え続けており、企業としてはコストにしかなっていない」「社外取締役のレベルが低く、取締役会の議論の質の低下が起こっている」「女性や外国人などでむやみに取締役の多様性を確保することが何の付加価値になるのか」「環境・サステナビリティの必要性は理解するがすぐに儲からないことに経営として真剣に取り組む余裕などない」など、CGコードへの対応に関してネガティブな意見もある。

一方で、この流れを好機ととらえて、ガバナンスの本質的な高度化に取り組む企業もある。こうしたポジティブにとらえる企業に共通しているのは、経営者の改革マインドが強いことである。未来志向かつ多様な視点をもって現状を改革したいという経営者の想いを実現するためには、ガバナンスの高度化は避けて通れない選択肢である。そのために、多大な労力をかけて、本質的に意味のあるガバナンスの構築に取り組む上場企業はマーケットからの評価も高い。

このように、上場企業においてはその取り組みのスタンスに応じて、ガバナンスの

「質」の二極化が進んでいるのが現在の日本の実態である。

持続的な成長と中長期的な企業価値の向上が本来の目的

コーポレートガバナンスの本来の目的は、CGコードの表紙に記載されているとおり、「会社の持続的な成長と中長期的な企業価値の向上」である。この本来の目的に否定的な意見を述べる企業はないだろう。一方で、ガバナンスと企業価値の向上の相関については否定的な見解もある。それはなぜか。

当然ではあるが、ガバナンスはあくまで「持続的な成長と中長期的な企業価値の向上」の必要条件であって、十分条件にはなり得ないためである。つまり、ガバナンスを本質的に高度化させることのみで、企業価値が向上すると考えてはいけないのである。企業価値の向上には、他のさまざまな要因が存在するため、ガバナンスはあくまでそれを支える1つの要素ととらえるべきである。

ガバナンスのあり方に、絶対の「答え」はない。自社のガバナンス検討にあたっては、各企業が「自社の取締役会はどうあるべきか」という論点にまずは答えを出さなければならない。企業理念、戦略、ビジネスモデル、組織、カルチャーなど個別企業ごとに置かれた状況によって、取締役会のあるべき姿は各社ごとに異なる。

例えば、創業社長が一代で急成長させたＩＴ系上場企業と、重厚長大型のインフラ業界の老舗上場企業では、取締役会による経営への関与のあり方やスタンスが異なることは容易に想像がつくだろう。また、監督と執行を完全に分離した米国型のコーポレートガバナンスモデルが、日本のあらゆる上場企業にとって最適かと問われれば、単純にＹｅｓとはいえないだろう。ガバナンスのトレンドやその背景にある考え方を理解したうえで、各社ならではの「グッドガバナンス」を自社で定義し、継続的に見直し続けることがガバナンスの要諦といえる。

日本企業は、人口減少、少子高齢化、経済・産業の長期停滞、急激に進展するデジタル化やコロナショックなど、外部環境の急激な変化に直面している。プライム市場に上場する企業が、グローバルな投資家から資金を調達し、ビジネスをさらに拡大していくためには、これまでの日本の経営を多かれ少なかれ改革していかなければならないことは、マクロ視点で避けて通れない方向性といえる。

そのために、外部環境や将来のトレンドを押さえたうえで、各社ごとに取締役会に何を求めるのかを明確化していくことが、何よりも大事なファーストステップとなる。

2 スキル・マトリックスは日本の取締役改革を促すカギとなるか

スキル・マトリックスの狙いは取締役会の最適な構成

2021年のCG原則の改訂により、プライム市場及びスタンダード市場の上場会社は、取締役のスキル・マトリックスの開示に関して、「コンプライ・オア・エクスプレイン」(原則を実施するか、実施しない場合にはその理由を説明するか)が求められる。

スキル・マトリックスの狙いは、各取締役がその役割・責務を実効的に果たすことにある。つまり、経営戦略に照らして自社の取締役に必要な人材要件を定義し、取締役のスキル(知識・経験・能力等)の組み合わせを最適化することで最適な取締役の構成を実現するものである。

これまでの日本企業の多くは、「人」起点で取締役を選任しており、取締役としてのスキルが社内の経験に偏っており、多様な観点が不足しがちであった。そのため、会社の中長期戦略を起点としたうえで、取締役会に求める役割と各取締役に求めるスキルを明確化し、取締役を「ポスト」として定義し、十分なスキルを有する人材を社内外から選任していくことにより、取締役会の機能を最大限発揮させることがスキル・マトリックスを作成する意義である。

スキル・マトリックスは、縦軸（または横軸）に取締役名を、横軸（または縦軸）に企業が取締役に求めるスキル（知識・経験・能力等）の項目を示し、現在の社内取締役及び社外取締役が保有するスキルについてマーク（●）を付けた一覧表のことである。

米国では2010年頃から導入がはじまり、2014年にカナダの機関投資家団体Council of Institutional Investors がスキル・マトリックスの導入を推奨して以降、北米においても開示企業が増えている。

日本でも2016年に日本取引所グループで導入されて以来、公表企業数は増加しており、2021年6月時点で、東証の時価総額上位100社のうち、約半数がスキル・マトリックスを公表している（図表1－2）。

取締役改革のためのスキル・マトリックスの活用方法

スキル・マトリックスを開示することだけを目的とすると、絵に描いた餅に終わって

開示状況（2021年6月時点）

51	クボタ	社内＋社外
52	オリンパス	社内＋社外
53	資生堂	社内＋社外
54	東日本旅客鉄道	
55	ユニ・チャーム	
56	イオン	
57	京セラ	
58	三菱地所	
59	シスメックス	社内＋社外
60	シマノ	
61	NTTデータ	社内＋社外
62	第一生命	社外のみ
63	大塚ホールディングス	社内＋社外
64	アサヒグループホールディングス	社内＋社外
65	日産自動車	社内＋社外
66	三井不動産	社内＋社外
67	ニトリ	社内＋社外
68	楽天グループ	
69	オリックス	社内＋社外
70	大和ハウス	社内＋社外
71	ルネサス	
72	エーザイ	社内＋社外
73	オービック	
74	セコム	
75	アドバンテスト	社内＋社外
76	スズキ	
77	東芝	社内＋社外
78	TDK	
79	野村総合研究所	
80	野村ホールディングス	社内＋社外
81	キリンホールディングス	社内＋社外
82	住友商事	社外のみ
83	MS&ADインシュアランス	
84	レーザーテック	
85	バンダイナムコ	
86	協和キリン	
87	塩野義製薬	社内＋社外
88	日本製鉄	
89	オムロン	社外のみ
90	住友不動産	
91	NEC	社内＋社外
92	豊田通商	社外のみ
93	旭化成	社外のみ
94	SUBARU	社内＋社外
95	丸紅	社内＋社外
96	SGホールディングス	
97	積水ハウス	社内＋社外
98	パン・パシフィック	
99	ENEOS	社内＋社外
100	SOMPOホールディングス	社内＋社外

図表1-2　株式時価総額トップ100のスキル・マトリックスの

1	トヨタ		26	日立製作所	
2	ソフトバンク	社内＋社外	27	エムスリー	
3	ソニー	社内＋社外	28	ゆうちょ銀行	
4	キーエンス		29	HOYA	社外のみ
5	日本電信電話	社内＋社外	30	三菱商事	
6	ファーストリテイリング		31	日本郵政	
7	リクルート		32	SMC	
8	任天堂		33	JT	
9	三菱UFJFG	社外のみ	34	Zホールディングス	社内＋社外
10	KDDI	社外のみ	35	みずほFG	社内＋社外
11	日本電産		36	セブン＆アイ	社内＋社外
12	信越化学		37	三井物産	社内＋社外
13	中外製薬		38	日本ペイント	
14	東京エレクトロン	社内＋社外	39	東京海上	社内＋社外
15	第一三共	社内＋社外	40	三菱電機	社内＋社外
16	ソフトバンク	社内＋社外	41	パナソニック	社内＋社外
17	ダイキン		42	花王	
18	武田薬品		43	東海旅客鉄道	
19	オリエンタルランド		44	富士フイルム	社内＋社外
20	ホンダ		45	キヤノン	
21	村田製作所	社内＋社外	46	コマツ	社外のみ
22	デンソー		47	富士通	
23	三井住友FG	社外のみ	48	ブリヂストン	
24	伊藤忠商事	社内＋社外	49	豊田自動織機	
25	ファナック	社内＋社外	50	アステラス製薬	

出所：各社株主総会招集通知

（注）株式時価総額は2021年4月時点。詳細な分析結果は、https://focus.kornferry.comの株式時価総額トップ100企業のスキル・マトリックス開示状況（2021年6月時点）に記載。

しまい、ほとんど役には立たない。

スキル・マトリックスが、取締役改革に対して真の効果を発揮するためには、取締役の選任、解任、評価、サクセッション（後継者育成）などの、取締役に対する人材マネジメントのツールとして実際に活用することが重要である。

スキル・マトリックスの具体的な活用方法として、

①取締役の人材要件の定義

②取締役のスキル・ギャップの可視化

③取締役の選任・解任・サクセッション

④「監督」と「執行」のバランス確保

の4つがあげられる（図表1－3）。

この4つの活用を前提とした場合には、スキル・マトリックスが、強靭な取締役会をつくるための力強いツールとなることは間違いない。

スキル・マトリックスはスキルの要件定義が肝

スキル・マトリックスを中長期的な企業価値の向上に貢献するための取締役改革に活

図表1-3　スキル・マトリックスの４つの活用方法

取締役の人材要件の定義	•経営戦略に照らして取締役に必要な「スキル（知識・経験・能力等）」を特定すること ―先進的な企業では、取締役の人材要件についてはスキルの定義にとどまらず、コンピテンシー（思考・行動特性）、性格、動機などについて包括的に定義している
取締役のスキル・ギャップの可視化	•取締役会メンバーの現有スキルの充足度を確認し、多様性の観点も含めて取締役会の構成上の課題を特定すること ―先進的な企業では、スキルの充足度の評価は、第三者や指名委員会も関与して客観的なプロセスを担保している
取締役の選任・解任・サクセッション	•取締役に必要なスキルに対する持続的な獲得上の課題を特定し、不足するスキルの獲得に向けた人材施策を実行すること ―先進的な企業では、指名委員会のアジェンダのなかに、スキル・マトリックスの要件の見直しや充足度を踏まえたタレントマネジメントを実施している
「監督」と「執行」のバランス確保	•「経営の両輪」としての「監督（取締役会）」と「執行（経営陣）」とのバランスの実現とその持続性を確保 ―先進的な企業では、取締役会のみならず、執行役員についてもスキル・マトリックスを作成しており、人材マネジメントに活用している

用できるかどうかは、企業自身の取り組みのスタンスに大きく依存する。現在の取締役会の構成を是とするような目的で、スキル・マトリックスを作成・公表することは技術的に容易である。例えば、「現在の取締役がすでに保有しているスキルから逆算して、帰納的にスキル項目を定義する」「スキルを粗い項目として定義することでマーク（●）をつけやすくする」「〝保有〟するスキルではなく、〝期待〟するスキルとしてマーク（●）をつけやすくする」など、スキル・マトリックスを骨抜きにする抜け道はある。

ここでは、消極的な形式対応を語ることはやめて、本質的に取締役会の改革を志向する企業が直面するスキル・マトリックスに関する5つの検討論点を紹介する。

◎スキル・マトリックス検討における5つの論点

①経営戦略に応じて求められる取締役の「スキル」の項目は何か？

（例：戦略の方向づけと監督に必要なスキルは何か。それがもれなくカバーされているか）

②「スキル」の評価基準をどのように定義するか？

（例：経験・実績の「責任範囲」〈例：全社または一部門、国内・グローバル〉、責

任の内容〈戦略の企画・実行、改革〉、成果、年数等）

③「スキル」の有無（●）を誰がどのように評価するか？

（例：指名委員会で自己評価または第三者を活用）

④スキル定義をどこまで詳細に開示するか？

（例：スキルの「定義」についてどこまで詳細に開示するか）

⑤開示の範囲をどのようにするか？

（例：人数のみまたは個人別、取締役のみまたは執行役員＋監査役、業種・国の傾向と横並びまたは自社の投資家に対する姿勢を示す）

これらの論点のなかでは、経営戦略を実現するために取締役に求められるスキル項目を定義する論点①が最も重要となる。なぜなら、この項目を通じて、企業のスキル・マトリックスへの取り組みの本気度がわかるからである。

例えば、事業ポートフォリオの再構築を真剣に検討している企業であれば、新規事業創出、M&A、事業再生などの項目がスキル・マトリックスの軸に入るはずである。また、デジタル化の波にさらされている金融機関であれば、デジタルを活用したビジネス創出、サイバーセキュリティなどの項目が入るはずである。

一方、スキル・マトリックスへの取り組みが弱い企業は、戦略が適切にスキルの項目に反映されていないため、どのような企業にも当てはまるような一般的で特徴のない項目となることが多い。

スキルの要件定義においては、取締役、監査役、経営陣、株主、従業員、取引先、顧客、業界エキスパートなど、さまざまなステークホルダーからの意見を収集したうえで、多角的な観点から検討することが客観性・納得性を担保するために有効である。

なぜなら、経営戦略を実現し、中長期的な企業価値を向上させるために各取締役に求めるスキルは、ステークホルダーの立ち位置によって意見が異なるからである。このステークホルダー間の意見の相違を可視化し、議論を何度も積み重ねたうえで、スキル項目を定義することで自社に必要なスキルが何かを本質的に定義することが可能になる。

そのうえで、スキルの評価基準を定義し、客観性・透明性の高いプロセスでスキルの有無を評価するのがスキル・マトリックス検討のベストプラクティスである。

このステークホルダーを巻き込んだ検討プロセスを通じて、自社内でこれまで見えてなかった課題や新たな気づきが浮き彫りになる。検討の労力はかかるものの、〝魂〟が入ったスキル・マトリックスとなる。

このような実質的な検討を通じて作成されたスキル・マトリックスは、取締役の人材要件として、取締役の選任、解任、評価、サクセッションに活用することができるようになるため、取締役の人材マネジメントを進化させるためのパワフルなツールとなる。

なお、開示については、内部で検討したスキル・マトリックスをそのまま開示するのではなく、開示の粒度と範囲について、投資家の観点も踏まえた適切な方法を別途検討する事例も存在する。

スキル・マトリックスの開示に関して、海外・国内の事例を以下に紹介する。

スキル・マトリックスの開示事例①　米ウォルマート

米国の小売大手ウォルマートの2021年の株主総会招集通知に開示されているスキル・マトリックスは次のとおりである。

取締役12名のうち、独立取締役は8名。スキルとしては、①戦略の監督及び②ガバナンスの2つの大項目がある。①戦略の監督に関しては「小売業界」「グローバルビジネス」「テクノロジー／Eコマース」「マーケティング／ブランドマネジメント」の4つが小項目として定義され、②ガバナンスに関しては、「経営経験」「財務・会計」「規制・法律・リスク管理」の3つが小項目として定義されている。

テクノロジーを最大限活用しつつ、24カ国にグローバル展開する同社を監督するためのスキルが反映されている。例えば、グローバルビジネス及びテクノロジー／Eコマースのスキルを備える取締役が小売業に求められるスキルをもつ取締役よりも多くなっているのは、戦略の優先順位に応じた取締役構成になっていると解釈できる。

各取締役に対するスキルの有無の評価は、取締役のサクセッションプロセスに明確に位置づけられており、指名・ガバナンス委員会が各取締役のスキルを評価するという透明性の高いプロセスを採用していることも開示されている。

取締役会のサクセッションの説明においては、取締役の在任期間の検討、取締役会の実効性評価及び必要なスキルの特定、取締役の社外候補者のサーチ、取締役のオンボーディング（早期戦力化のためのプログラム）といった一連のプロセスのなかで、スキル・マトリックスを最大限活用していることがうかがえる。

スキル・マトリックスの開示事例②　キリンホールディングス

投資家向けＩＲ資料「KIRIN Investor day 2020」によると、キリンホールディングスにおける取締役会のスキルセットの見直しプロセスについては、長期経営構想「ＫＶ２０２７」の達成に向けて実施した取締役会の実効性評価に基づき、必要となる知識・経験の9項目（「企業経営」「ＥＳＧ、Sustainability」「財務・会計」「人事・労務、人材開発」「法務、コンプライアンス、リスク管理」「ＳＣＭ」「ブランド戦略、マーケティング、営業」「海外事業」「Ｒ＆Ｄ、新規事業、ヘルスサイエンス」）を再定義している。

そのうえで、「ヘルスサイエンス」「海外事業」「コーポレートガバナンス」に対する知見を有した候補が不足しているために、そのスキルをもつ社外取締役を増員し、結果として取締役会に占める社外取締役比率が過半数となっている。

このように同社では、単にスキル・マトリックスを開示するのではなく、中長期の戦略に必要なスキルを導出し、現状とのギャップを埋めるために取締役を選任するというストーリーに基づいているところが特徴的である。

また、もう一点特筆すべきことは、執行役員と監査役会のスキルセットも併せて公表していることがあげられる。監督と執行のスキル・マトリックスを双方作成し、スキル・マトリックスをシームレスなサクセッションマネジメントのツールとして活用していることがうかがえる。同社の取り組みは監督と執行のバランスを確保する観点からも、スキル・マトリックスの開示レベルが高いといえる。

3 モノ言う株主は日本の企業統治を進化させるのか

CGコードと「車の両輪」として位置づけられるスチュワードシップコード

CGコードは「企業」の行動原則として株主やステークホルダーに対する責任を規定している一方で、スチュワードシップコード（以下「SSコード」）は「機関投資家」の行動原則として資金の最終的な出し手（委託者）に対する責任を規定している。2014年に金融庁により制定されたSSコードは、機関投資家が行うべき次の7つの原則で構成されている。

1．機関投資家は、スチュワードシップ責任を果たすための明確な方針を策定し、これを公表すべきである。

2. 機関投資家は、スチュワードシップ責任を果たす上で管理すべき利益相反について、明確な方針を策定し、これを公表すべきである。

3. 機関投資家は、投資先企業の持続的成長に向けてスチュワードシップ責任を適切に果たすため、当該企業の状況を的確に把握すべきである。

4. 機関投資家は、投資先企業との建設的な「目的を持った対話」を通じて、投資先企業と認識の共有を図るとともに、問題の改善に努めるべきである。

5. 機関投資家は、議決権の行使と行使結果の公表について明確な方針を持つとともに、議決権行使の方針については、単に形式的な判断基準にとどまるのではなく、投資先企業の持続的成長に資するものとなるよう工夫すべきである。

6. 機関投資家は、議決権の行使も含め、スチュワードシップ責任をどのように果たしているのかについて、原則として、顧客・受益者に対して定期的に報告を行うべきである。

7. 機関投資家は、投資先企業の持続的成長に資するよう、投資先企業やその事業環境等に関する深い理解に基づき、当該企業との対話やスチュワードシップ活動に伴う判断を適切に行うための実力を備えるべきである。

CGコードとSSコードは「車の両輪」として機能することにより、企業と機関投資家の建設的な対話を通じ、企業の持続的成長を促すことを狙いとしている。

機関投資家がSSコードを受け入れるかどうかは任意である。CGコードと同様に、コンプライ・オア・エクスプレインの手法を採用しており、機関投資家が受け入れを表明する場合にはその旨を公表することになっている。これまでに受け入れを表明した機関投資家の数は、2014年5月の127社から、2021年6月30日時点では309社に増加している。2014年のSSコードの策定以降、機関投資家と企業の建設的な対話（エンゲージメント）を通じて、投資先企業の企業価値の向上や持続的成長を促すことにより、中長期的な投資リターンの維持・拡大を図る、いわゆる「スチュワードシップ活動」が、SSコードを受け入れる多くの機関投資家に浸透している。

一般社団法人日本投資顧問業協会の調査（2020年10月実施）によれば、スチュワードシップ活動について、日本株に投資残高がある機関投資家が投資先企業と多く議論した事項として、企業戦略（除く株主還元策）：84・5%、ガバナンス体制（取締役会構成や資本構造を含む）：78・9％、企業業績及び長期見通し：66・2％、の順に多かった。

また、一般社団法人生命保険協会の調査「企業価値向上に向けた取り組みに関するアンケート（2020年度）」によると、「投資先企業に変化が見られる論点、もしくは対話の効果を感じている論点」として、株主還元：46・7％、社外取締役関係（社外取締役の人数、社外役員の独立性／出席率等）：46・7％、情報開示：43・5％、の3項目が上位となっており、投資家側としてスチュワードシップ活動を通じて対話が進んでいることがわかる。

さらに、各機関投資家のホームページにおいても、議決権行使結果やスチュワードシップ活動に関する情報開示が進展している。

このように企業と機関投資家によるエンゲージメントは進展してきたが、企業が中長期的な価値向上に取り組んでいくためには、今後も引き続き、建設的な対話の実効性を高めていく不断の努力が求められる。日本経団連は「企業と投資家による建設的対話の促進に向けて」（2020年9月）という提言のなかで、「建設的対話に資する情報開示の充実」「対話の質の充実」「議決権行使助言会社の適切な機能発揮」「デジタル技術等の活用」「より長期の視点に基づく対話」など、今後取り組むべき課題を提言している。

「モノ言う株主」が忌み嫌われてきた日本市場

株式の長期保有や持ち合い構造が長年続いてきた日本の株式市場において、市場の平均的な値動きに連動するパッシブ運用を中心とする日本の大手機関投資家は「モノを言わない株主」として投資先企業の企業統治のあり方に口出しをしてこなかった。

一方で、SSコード策定以降、日本の大手機関投資家であっても建設的な対話を重視し、議決権行使に対する説明責任を果たすために、もはや「モノを言わない株主」ではつとまらない時代になってきた。

「モノ言う株主」の象徴である海外のアクティビストファンドは、日本の株式市場においてネガティブなイメージがいまだに払拭できていない状況にある。

一般的にアクティビストは、資本コスト割れをしている企業、キャッシュを多く抱える企業、事業ポートフォリオが複雑でコングロマリットディスカウント（複数の事業を傘下にもつ企業の企業価値が、個別の事業の価値を合計した総額よりも小さくなる状態をいう）に陥っている企業などをターゲットにして、一部の株式を取得し、企業に経営改善や株主還元の増強を強く働きかけ、株価を上げて売却することで高リターンを追求する機関投資家と定義される。

とくに2000年代半ばに村上ファンドやスティール・パートナーズがマスメディアに取り上げられたこともあって、アクティビストといえば、当時のイメージを思い出す関係者も多い。

こうしたアクティビストが日本で嫌われる原因としては、短期志向で中長期的な企業価値を勘案していない、会社を深く理解せずに一方的で強引な提案を仕掛けてくる、などの価値観や行動が日本企業のカルチャーに合わずに悪いイメージとして記憶に残ってしまうことがある。

しかしながら、アクティビズム（株主行動主義）とエンゲージメントの間には、投資戦略、投資期間、発言の強弱に違いがあるとはいえ、企業の経営戦略や資本政策を通じて企業価値を向上させようとする観点から考えると、本質的にそこまで大きな違いがあるわけではないという考え方もある。

アクティビストに対する本質的な論点は、「アクティビストは投資先企業の中長期的な企業価値の向上に資するのか」という点である。

「日本におけるアクティビズムの長期的影響」（東京大学 田中亘教授、後藤元教授）の研究論文では、「アクティビストの介入は、主にフリーキャッシュフローの株主への還元を通じて企業価値を増進するという見方（フリーキャッシュフロー仮説）と整合的である。アクティビストが、既存事業の遂行や新規事業の実施のために必要な資金を株主に分配するなどして、長期的に標的企業の企業価値を損なうという見方（短期志向仮説）は、本研究結果からは支持されない。」とアクティビストに一定の評価をしている。

アクティビストについては、海外を含めたさまざまな研究結果があるものの、必ずしもこの論点について明確な答えがあるわけではない。一方で、プライム市場の上場会社であれば、アクティビストが株主となる状況は常に想定しなければならない。

以下、日本企業が直面した実例を概観しながら、アクティビストについて考察する。

アクティビスト事例①　サード・ポイント／ソニー

米国を代表するアクティビストとして知られる投資ファンドのサード・ポイントが注目を集めたのが、ソニーに対する2度の株主提案である。２０１３年、サードポイントは、ソニーに対して映画などのエンターテインメント事業を分離して株式を上場するように要求したものの、受け入れられず、同社はソニー株式をその後売却した。

２０１９年6月、サードポイントは、再びソニー株式を15億ドル保有していると発表し、ソニーが事業ポートフォリオの複雑性から株価が割安になっているとして、①半導体事業の分離・独立、②上場子会社であるソニーフィナンシャル、エムスリー、オリンパス、Spotifyなど保有する株式の売却を要求する〝A Stronger Sony〟という資料を同社のウェブサイトに公開した。

これに対して、2019年9月、ソニーが取締役会の全会一致の決議に基づきCEOレターを発出し、ソニーの存在意義や戦略・事業の方向性を明確に示して、サード・ポイントの主張を退けた（ただし、一部の提案を受けてオリンパス株式を売却し、ソニーは利益を得た）。

ソニーのCEOレターからは、多様な経験を有する社外取締役が多数を占める取締役会が戦略の方向づけに関し、体系的な議論を行い、長期的な企業価値の向上という判断軸に基づいて明確に意思決定を行っていることが読み取れる。

その後、2020年4月~6月中にサード・ポイントはソニー株式を売却した。

ソニーはコーポレートガバナンスの先進企業であり、かつ事業業績も好調であることから、このような先進企業に対して株式の数%を保有して経営改革を主張してくるアクティビストの影響は限定的といえる。

アクティビスト事例② バリューアクト／オリンパス

米国のバリューアクトは、取締役を投資先に派遣して共に経営改革を進めることが特徴の投資ファンドである。例えば、米マイクロソフトをクラウド事業にシフトさせることや、米アドビをソフトの売り切り型からサブスクリプション型ビジネスへの転換を進めるなど、企業戦略面において実績のあるアクティビストである。

オリンパスは過去の巨額損失を歴代経営陣が隠蔽し、２０１１年にそれを問題視する外国人社長を解任するなど、コーポレートガバナンスの観点からは課題を抱える企業であった。

２０１８年5月、バリューアクトは、オリンパス株式の５％以上を保有することを示す大量保有報告書を提出し、粉飾決算事件で経営危機に陥ったオリンパスに取締役を派遣する提案をした。当時、オリンパスの副社長だった竹内康雄氏（現社長）は、バリューアクトが投資した米国企業のＣＥＯと会い、バリューアクトが経営にどう貢献したかを調査したうえで、２０１９年1月にバリューアクトから2名の取締役を招聘することを含む企業改革プラン「Transform Olympus」を発表した。その後、現在に至るまでは、オリンパスの株価は順調に上昇している。

オリンパスのケースは、経営陣が自社の改革を進めるためにアクティビストをうまく活用した事例ともいえる。

アクティビスト事例③　エフィッシモ／東芝

エフィッシモは、旧村上ファンドの幹部が2006年にシンガポールで立ち上げたアクティビストファンドである。

東芝は2003年に委員会等設置会社となり、形式的にはガバナンス先進企業と見られていたが、その実態は、経営陣による「チャレンジ」と呼ばれる無理な収益目標の設定によりガバナンスが崩壊しており、取締役会も機能していなかった。そのような背景もあって、2015年に不正会計問題が発覚し、2016年に米原子力事業に絡む巨額損失の発覚によって、債務超過による上場廃止の危機に陥り、アクティビストを中心とする海外ファンドを引き受け先とする約6000億円の増資を行い、その結果、海外投資家比率が7割まで高まった。

東芝メモリの売却益を株主に還元することを要求するエフィッシモなどの海外アクティビストに対して、外部から経営を引き継いだ車谷暢昭社長（当時）は成長投資に回す方針を打ち出し、両者の綱引きがはじまった。

２０２０年7月の株主総会でエフィッシモが推薦した社外取締役の選任についてぶつかり合い、結果、東芝が提案した取締役が選任されたものの、車谷社長の選任については58%という異例の低い賛成率となった。アクティビスト対応に苦慮した車谷氏は、その後の紆余曲折を経て、２０２１年4月に社長を辞任し、後任として綱川智氏が社長に復帰することとなった。

その後、第三者報告書で「２０２０年の株主総会が公正に運営されたものとはいえない」との指摘を受け、２０２１年6月の株主総会において、取締役の候補者が変更され、取締役議長の再任に関する会社提案が否決された。

不正会計問題に起因するガバナンスの機能不全のなかで、増資を通じたアクティビストの迎え入れとその後の混乱は、アクティビストの影響力を再認識することになった。

アクティビストの視点を自社の経営戦略の脆弱性の特定に活用せよ

アクティビストは、企業戦略やガバナンスの改善点を外部から分析し、エンゲージメントや株主提案を使って急激な経営改革を迫ってくる。このような提案には、本質をついた正論といえるものから、全く的外れの内容までさまざまある。社長や社外取締役との面談も積極的に要求し、企業側の対応コストも大きいため、アクティビストに目をつけられることは、歓迎されない頭の痛い話であるととらえられることが多い。

一方、アクティビストの視点を活用すること自体は日本企業にとって悪いことばかりではない。ソニーの事例のように、アクティビストの提案に対して、上場会社として正々堂々と対峙し、正しいと思う提言は受け入れ、そうでない場合は理屈をもって反論することで、自社の戦略に関する対外的な説明力を高めることができるという効果もある。従来とは異質な株主とのエンゲージメントを活用して、自社の戦略的な対外説明力の組織能力を高めていくという考え方は、企業統治を進化させるうえで重要である。そのような観点からは、アクティビストの視点を自社の経営戦略を研ぎ澄ますための手段として活用し、多様なステークホルダーへの対応力を高め、自社のガバナンスを強化するための機会として積極的にとらえるという考え方もある。

欧米の企業においては、図表1－4のように、自社の戦略の脆弱性を発見するために、アクティビストの視点をあえて取り入れて議論するのは珍しいことではない。自社のビジネスの脆弱性を発見するために、あえてアクティビストの視点を取り入れた分析を実

図表1-4　取締役会での効果的な議論を促進する「アクティビスト視点」の活用例

アクティビストの視点を活かし、取締役会が企業価値の向上のために議論すべき論点を議案に盛り込む

「アクティビスト視点」の論点	取締役会での討議（例示）
1. 低業績事業にどう手を打つのか？	•「今後この事業は、顧客のニーズや技術などの変化に対応し、期待する価値を生み出せるのか？」 •「（これまでの経緯は別にして）ゼロベースで考えたとき、この事業を持ち続けることで当社は企業価値を向上できるのか？」
2. コングロマリットディスカウントになっていないか？	•「当社のコアコンピテンスに関係のない事業はないか？」 •「コングロマリットディスカウントを避けるため、価値のあるうちに事業を売却できるか？」
3. 株価をどうテコ入れするのか？	•「アクティビストから提案される前に、配当増や自社株買いを検討する余地はないか？」 •「それに優先すべき成長戦略のための投資はないのか？」
4. 経営者報酬は会社業績に比べて高すぎないか？	•「当社の経営者報酬の増減は会社業績の変化に見合っているか？」
5. 全社戦略は明確で差別化されたものになっているか？	•「当社のビジョンや戦略は明確か？」 •「過去の成功体験に縛られていないか？　何が新たな戦略なのか？」 •「新たな戦略やビジョンを示せる経営者を登用できているか？」
6. 競合他社の後追いになっていないか？	•「競合他社に比べ、マーケットシェアやその他の指標で劣位になっていないか？」 •「状況を改善する施策は何か？」
7. 現金保有高は適切か？	•「手元現金は適切か？　多すぎないか？」 •「現金を適切に活用するために何をすべきか？」
8. ESGに反していないか？	•「当社の事業で環境・社会の観点から大きなリスクとなる事業はないか？」 •「当社のガバナンス上の課題は何か？　どう強化していくか？」

資料："Three ways board members can think like activists"（Korn Ferry Institute）に追加分析

施し、それを改善するための施策を取締役会で議論し、企業戦略の質を高めているのである。

4 ESGやSDGsは取締役会を改革させるものなのか

ESG及びSDGsの取り組みの加速化

近年、ESG（環境・社会・ガバナンス）投資が急速に拡大しており、上場会社においてはESGへの取り組みが積極的に進められている。

「ESG投資」という言葉が生まれたのは、2006年に当時の国連事務総長コフィー・アナン氏が金融業界に対して提唱した国連責任投資原則（PRI）が契機だった。PRIの署名機関は、財務情報に加えて、環境（Environment）、社会（Social）、ガバナンス（Governance）に関する視点をその投資プロセスに組み込むことが求められている。

2017年に日本の年金積立金管理運用独立行政法人が、ESGインデックスへの投資を開始したことにより、上場会社のなかに「ESGへの取り組みを適切に実施・開示し、評価されなければ機関投資家に自社の株式を買ってもらえない」という認識が広がり、日本の上場会社のESGへの取り組みが加速する契機となった。

2015年、国連総会でSDGs（持続可能な開発目標）の概念が誕生した。2030年までに持続可能でより良い世界を目指す国際目標であり、17のゴール・169のターゲットから構成され、地球上の「誰一人取り残さない」ことを誓っている。

2017年6月、金融安定理事会が、気候関連財務情報開示タスクフォース（TCFD）提言を公表した。

TCFD提言では、企業が任意で行う気候関連のリスク・機会に関する情報開示のフレームワークが示されており、全体提言と、「ガバナンス」「戦略」「リスク管理」「指標と目標」の4つのテーマに対して推奨される開示及び解説を示している。取締役会は個々の取締役の職務執行を監督する権限を有するが、TCFD提言においては、気候関連問題についても取締役会での監督を求めるとともに、その監視体制を開示するよう求めている。

例えば、取締役会に対して、「最終報告書　気候関連財務情報開示タスクフォースによる提言」のなかで、以下のような開示を求めている。

◎TCFD提言ガバナンス

気候関連問題に関する取締役会の監視体制を説明するに際して、組織は以下の事項に関する詳解を含めて検討する必要がある。

- 気候関連問題について、取締役会及び／または委員会（監査、リスクその他の委員会など）が報告を受けるプロセスと頻度。
- 取締役会及び／または委員会が、戦略、主な行動計画、リスク管理政策、年度予算、事業計画をレビューし指導する際、また当該組織のパフォーマンス目標を設定する際、及び実行やパフォーマンスをモニターする際、さらに主な資本支出、買収、資産譲渡を監督する際、気候関連問題を考慮しているか否か。
- 取締役会が、気候関連問題に対する取り組みのゴールと目標への進捗状況を、どのようにモニターし監督するか。

このように、持続可能な社会の維持に向けたグローバル社会における取り組みが進展しており、グローバル社会全体として気候変動等の社会課題の解決への取り組みに対する関心が高まっている。

CGコードの改訂で進展するESGへの取り組みと情報開示

CGコードの基本原則には、ESGを含む非財務情報も含めた「適切な情報開示と透明性の確保」が規定されている。ESG要素などについて説明を行う非財務情報が開示・提供される際には、可能なかぎり利用者にとって有益な記載となるよう取締役会が積極的に関与する必要があるとされている。

2021年のCGコード改訂により、補充原則3－1③が追加されて、とくにプライム市場上場会社は、TCFDまたはそれと同等の枠組みに基づく開示の質と量の充実を進めることが明記され、取締役会としても積極的に関与すべき経営課題になっている。

◎CGコード（抜粋）

［基本原則3］

上場会社は、会社の財政状態・経営成績等の財務情報や、経営戦略・経営課題、リスクやガバナンスに係る情報等の非財務情報について、法令に基づく開示を適切に行うとともに、法令に基づく開示以外の情報提供にも主体的に取り組むべきである。

その際、取締役会は、開示・提供される情報が株主との間で建設的な対話を行う上での基盤となることも踏まえ、そうした情報（とりわけ非財務情報）が、正確で利用者にとって分かりやすく、情報として有用性の高いものとなるようにすべきである。

・補充原則3－1③

上場会社は、経営戦略の開示にあたって、自社のサステナビリティについての取組みを適切に開示すべきである。また、人的資本や知的財産への投資等についても、自社の経営戦略・経営課題との整合性を意識しつつ分かりやすく具体的に情報を開示・提供すべきである。

特に、プライム市場上場会社は、気候変動に係るリスク及び収益機会が自社の事業活動や収益等に与える影響について、必要なデータの収集と分析を行い、国際的に確立された開示の枠組みであるＴＣＦＤまたはそれと同等の枠組みに基づく開示の質と量の充実を進めるべきである。

このようななか、経営戦略へのＥＳＧ課題を積極的に取り込む、自社の経営理念・価値観・ビジネスモデルを見直すなど、上場会社側においてもＥＳＧ課題への対応が進んでいる。とくに、取締役会が自社のＥＳＧに対する取り組みに対して積極的に関与・監督する事例も増加している。例えば、取締役会の実効性評価の項目において、ＥＳＧの視点を取り入れたり、取締役会の諮問機関としてサステナビリティ関係の委員会を設置するなどである。

ＥＳＧ取り組みの開示事例　花王

花王は、ＥＳＧ開示に積極的であり、各種ＥＳＧインデックスにも選定されているＥＳＧ先進企業である。ここでは「花王サステナビリティデータブック（Kirei Lifestyle Plan Progress Report 2020）」というＥＳＧに関する先進的な情報開示の内容を紹介する。全２２５ページにわたる膨大な資料には、２０３０年までのＥＳＧ戦略・アクション・

中長期指標、重点取り組みテーマの選定プロセス、ステークホルダーの重要度と花王の重要度の2軸でマッピングしたマテリアリティ・マトリックス、ESG戦略とSDGsとの関係、TCFD提言の基準との対応表など、ESGに関する深度のある取り組みが記載されている。

取締役会の関与のあり方として注目すべきポイントは、同社のESG推進体制である。取締役会の下にESG戦略に関する活動の方向性を議論・決定するESG委員会、社外の視点を反映させるため外部有識者で構成されるESG外部アドバイザリーボード、ESG戦略を遂行するためのESG推進会議、注力テーマについて活動を提案するESGタスクフォースを設置している。

さらに、ESG部門統括の執行役員が取り組みをリードし、取締役会においても重要テーマとしてESG戦略を議論していることが開示されている。

取締役会にとってESG／SDGsは当たり前の世界に

ESG／SDGsの急速な盛り上がりは、取締役会として軽視できない重要なテーマである。投資家としても、環境・社会・ガバナンス面のネガティブなイベントは中長期的な企業価値の棄損に直結することから、投資の判断材料としてＥＳＧ／ＳＤＧｓを重視している。

ＥＳＧ／ＳＤＧｓは取締役会に対してどのような視点を問いかけているのだろうか。

２０１１年、経営学者マイケル・ポーター教授はＣＳＶ経営という、社会課題を解決することによって、社会価値と経済価値の両方を創造する次世代の経営モデルを提唱した。ＣＳＶ（Creating Shared Value）とは「共通価値の創造」と訳される。

ネスレ、花王などのＣＳＶ経営を志向する企業は、ＥＳＧ／ＳＤＧｓへの取り組みにとくに熱心である。ＥＳＧ／ＳＤＧｓ重視の流れについては、株主重視の資本主義からステークホルダー重視の資本主義へと考え方が転換し、日本の「三方よし」の文化に再度脚光が当たっているという論考もある。

しかし、ＥＳＧ／ＳＤＧｓの本質は、短期志向から長期志向への転換であるといえる。すなわち、長期的な視点に立つと、株主だけでなくすべてのステークホルダーについて、サステナビリティを維持するうえで意識することは当然となる。

したがって、中長期的に企業価値の向上を支援する取締役会にとっては、ＥＳＧ／ＳＤＧｓへの取り組みは当たり前のことであり、そうなるべきである。

近年は株主総会においても、企業と投資家との対話で環境・社会問題が主要なテーマに浮上しているが、株価やROE（自己資本利益率）などと同列で、温室効果ガスの排出抑制や人権保護、女性役員の登用などが議論されるようになっている。取締役会は、株主、顧客、従業員などの会社関係者にとどまらず、社会・環境面という外部ステークホルダーへの影響についても勘案したうえで、経営を監督することが求められる。

ESG／SDGsを進めるうえでは、DE&I（Diversity, Equity and Inclusion）の推進も大きなトピックとなっている。DE&Iの一般的な解釈としては、多様性、公平性、受容性を高めることでイノベーティブな文化が醸成されるという考え方であるが、この概念においてより重要なのは多様性を受容することにある。〝多様な〟価値観が存在したところで、それを体内に取り込める〝受容力〟が企業に存在しない場合には、企業側に何ら変化が生じないためである。ESG／SDGsへの取り組みを通じて、取締役自身、またはあらゆるステークホルダーに対するDE&Iが企業側に求められている。

足元は、ESG／SDGsへの取り組みのスタンスや熱量は企業ごとにバラつきがある。取り組みに消極的な企業は、ESG／SDGsへの取り組みが企業価値の向上にどれほど寄与するのかが不透明であることがその理由であるように思える。ESG／SD

Ｇｓへの取り組み自体、中長期的に企業価値を高めるうえでの必要条件であって、十分条件ではない。そのため、ＥＳＧ／ＳＤＧｓに取り組んでも企業価値に貢献しないと主張するのではなく、あくまで中長期的な企業価値の向上に資する１つの重要な検討要素と考えるべきである。

生物学において多様性が存在することの１つの意義は、環境変化に対する種の保存である。Volatility（変動性）、Uncertainty（不確実性）、Complexity（複雑性）、Ambiguity（曖昧性）の頭文字から名づけられたＶＵＣＡの時代といわれる現代の経営環境において、多様性のない企業が、長期的にどのようになっていくかを想像するのはそれほど難しくない。

第 2 章

企業価値を高める取締役改革の論点

1 取締役会が目指すべき姿

取締役会における4つの発展段階

コーン・フェリーが全世界で実施したグローバル企業における取締役会の分析によると、取締役会には、①基礎段階、②成長志向、③変革支援、④戦略主導の4つの発展段階があることがわかった。

この4つの発展段階は、以下のように定義される（図表2－1）。

①基礎段階…基本的なコンプライアンス

- 独立性を有する社外取締役が一定割合を満たしており、かつその役割に対して十分な時間を投入できている

②成長志向…基本的なコンプライアンス＋未来志向

- 取締役会が社外取締役も含めて企業の長期目標を共有している
- 将来の成長を支える経験（国際経験やM＆A等）を有する

図表2-1　取締役会の発展段階（1つのモデル）

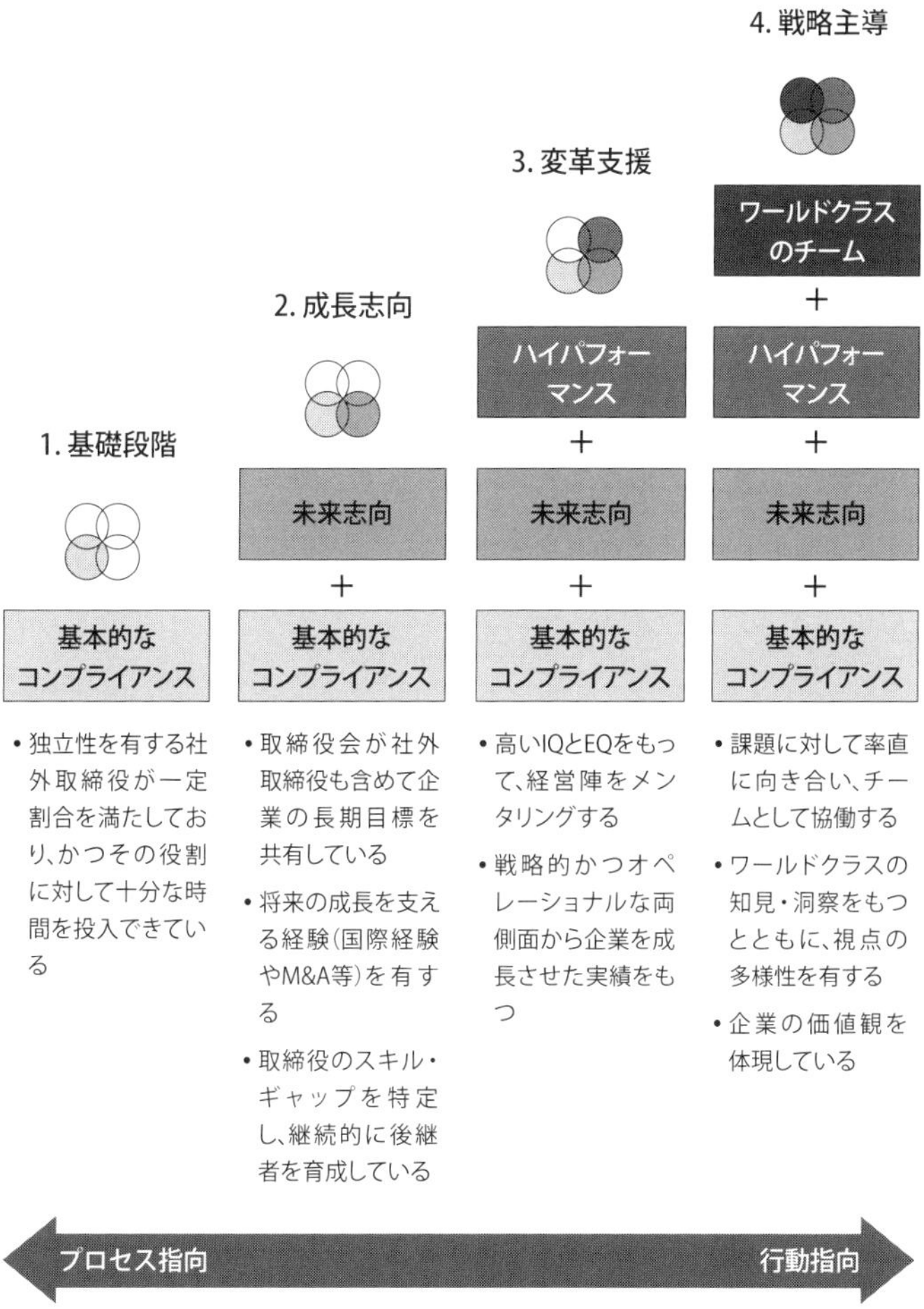
4. 戦略主導
3. 変革支援
2. 成長志向
1. 基礎段階
ワールドクラスのチーム
＋
ハイパフォーマンス
＋
未来志向
＋
基本的なコンプライアンス
• 独立性を有する社外取締役が一定割合を満たしており、かつその役割に対して十分な時間を投入できている
• 取締役会が社外取締役も含めて企業の長期目標を共有している
• 将来の成長を支える経験（国際経験やM&A等）を有する
• 取締役のスキル・ギャップを特定し、継続的に後継者を育成している
• 高いIQとEQをもって、経営陣をメンタリングする
• 戦略的かつオペレーショナルな両側面から企業を成長させた実績をもつ
• 課題に対して率直に向き合い、チームとして協働する
• ワールドクラスの知見・洞察をもつとともに、視点の多様性を有する
• 企業の価値観を体現している
プロセス指向
行動指向

- 取締役のスキル・ギャップを特定し、継続的に後継者を育成している

③変革支援…基本的なコンプライアンス＋未来志向＋ハイパフォーマンス

- 高いＩＱとＥＱをもって、経営陣をメンタリングする
- 戦略的かつオペレーショナルな両側面から企業を成長させた実績をもつ

④戦略主導…基本的なコンプライアンス＋未来志向＋ハイパフォーマンス＋ワールドクラスのチーム

- 課題に対して率直に向き合い、チームとして協働する
- ワールドクラスの知見・洞察をもつとともに、視点の多様性を有する
- 企業の価値観を体現している

このように発展段階が上がるごとに、取締役会が果たす役割が高度化し、より中長期的な企業価値の向上に貢献する取締役会へと進化していくことになる。

日本企業の取締役会の現在地と発展のタイミング

コーン・フェリーの取締役会の発展段階のフレームワークに、日本の上場企業の取締

役会を当てはめてみると、大多数の企業が①基礎段階、あるいは②成長志向のレベルに該当することがわかっている。CGコードに形式的に対応しているだけの日本企業は、①基礎段階に該当する。社外取締役の関与を高めて、積極的に活用している日本企業であっても、③変革支援のような企業改革をリードする取締役会の要件を満たしている企業は少なく、②成長志向の段階にとどまるケースが多い。

従来の日本企業においては、新卒で入社した社員がその企業に30年間勤め、執行役員に昇進し、その後に取締役を兼任するというキャリアパスが主流であった。つまり、人材の流動性の少ない日本企業において、自社の事情に熟知した社内取締役を中心とする取締役会は、経営会議で実質的に決めた内容をネガティブチェックし、追認する機関として位置づけられていた。

そのため、近年の「攻めのガバナンス」のような取締役会に求められる経営へのモニタリング及びアドバイザリー機能等の発揮が、そもそも市場慣行として期待されてこなかった側面があることは否めない。また、これまでの取締役会のあるべき姿や期待役割が曖昧であったことも、日本の取締役会の発展を阻害してきた1つの原因であると考えられる。

コーン・フェリーの調査によれば、取締役会の発展段階が次の段階に進むタイミングとして、2つのイベントが結果的に多いことがわかっている。

1つは、大規模な合併・買収や業績悪化による事業ポートフォリオの見直しなどの大胆な戦略変更を伴うタイミングである。大胆な変革を実施するには、取締役会の変革支援が必要不可欠になるためである。

もう1つは、現状からの変革の想いが強い新社長就任のタイミングである。変革マインドが強い社長が就任すると、取締役会を含めたガバナンスのあり方を再考していく契機になることが多い。

これらを踏まえると、急激な外部環境変化のなかで、ビジネスの変革に関する取り組みを進めている日本企業にとっては、取締役会の段階を向上させる絶好のタイミングであるともいえる。

取締役改革の事例

[レノボ]

取締役改革について、著名な事例を海外と国内でそれぞれ紹介していこう。

1つめの事例は、ＰＣメーカーのレノボ（中国）である。

１９８４年に設立されたレノボは、海外ブランドの販売から独自ブランドに参入し、１９９７年にレノボブランドが中国国内のパソコン売上トップを記録した。

その後、２００４年にＩＢＭからＰＣ部門を12億5千万ドルで買収し、現在の世界的なＰＣメーカーに上り詰めることとなるが、実はＩＢＭのＰＣ部門買収とともに取締役会を改革したことが知られている。

国内のＰＣメーカーから海外市場に進出するため、取締役会のグローバル化が必要と考えた柳伝志《リュウチュアンジ》会長（当時）が大胆な取締役会の改革を実行し、取締役会のリーダーシップにより、異なる文化の統合と事業の拡大に成功した（図表２－２）。

【日立製作所】

２つめの事例は、日立製作所である。

２００９年にリーマンショックによる巨額赤字を受けて経営陣の入れ替えがあった同社は当時から委員会等設置会社であり、形式上は先進的なガバナンス体制であった。川村隆会長、中西宏明社長の新体制発足後、真の意味での実効性の高い取締役会の構築に

図表2-2　取締役改革によるグローバル戦略の推進［レノボ］

レノボはグローバル戦略を推進するため、IBMのPC事業の買収に合わせて取締役会を刷新し、機能の強化とそのリーダーシップの発揮によって、異なる企業文化の統合と事業の拡大を実現した

	2004年	2007年（取締役改革後）
取締役会の構成	• 社内取締役4名、社外取締役3名（全員中国人） • 会長、CEOとも中国人（経営陣の全員が中国人） • 取締役会の言語は中国語	• 社内取締役5名、PEファンドからの取締役3名、社外取締役3名（11名中4名がアメリカ人） • 会長は中国人（CEOはアメリカ人。経営陣は18人中、中国人6名、欧州1名、アメリカ人11名） • 取締役会の言語は英語
取締役会の役割・運営	• 会計監査と経営者報酬の決定のみ	• 独立性とグローバルなビジョンを備え、経営陣に対して助言を与える積極的なガバナンス体制 • 取締役会が協調的なリーダーシップを発揮できるよう戦略委員会を設置 ▷2名の取締役（アメリカ人＋中国人）が中長期的な経営判断を検証。毎月開催（取締役会は四半期に1回） ▷取締役会にCEOの交代を助言 • 取締役同士の信頼関係を築くため、すべての取締役に世界各地で開かれる取締役会に出席を義務づけ等
業績	• 2004年売上US$30億 • 2004年中国国内シェア27% • HP、Dellなどが中国市場に参入し、成長性に陰り	• 2017年売上US$45億 • 2017年世界シェア第2位20.8%（第1位HP21.0%）* * Gartner

出所：『取締役会の仕事』（ラム・チャラン／デニス・ケアリー／マイケル・ユシーム著、川添節子訳、日経BP社）をもとに筆者作成

向けて、取締役会の構成メンバー、役割・運営、アジェンダ、委員会のあり方等を、長い期間をかけて見直したことが知られている。

２０１０年当時の取締役会メンバーは12名で、社外取締役５名（うち経営経験者３名、官僚１名、弁護士１名）と一般的な日本企業によく見られるメンバー構成であった。それが２０２１年では、社外取締役10名（うち外国人６名）、社内取締役３名と大きく変わっている。２０１０年頃は、経営に関して深い議論はなされていなかったとされるが、いまでは、グローバルでの経営経験のある社外取締役からの率直な指摘もあり、経営の本質的な議論が行われるようになったといわれている。

取締役改革のみの成果だけではもちろんないが、この間に日立は大規模な事業ポートフォリオの入れ替えを伴う構造改革を実施し、現在では強固な経営基盤を築いている。

2 取締役会の実効性をどのように高めていくのか

取締役の実効性を高める5つの要素

コーン・フェリーはグローバル企業における取締役会の実効性を高めるための支援を実施している。そこで得られた知見をもとに、中長期的に企業価値を高めるための取締役会の実効性を高める要素として、5つの要素を定義している。それぞれの内容を日本企業の一般的なケースと比較しながら紹介していこう。

①正しい役割（The right role）
②正しいアジェンダ（The right agenda）
③正しい構成（The right structure）
④正しい運営（The right process）
⑤正しいカルチャー（The right culture）

要素①　正しい役割（The right role）

中長期的な企業価値を高めるために、取締役会が果たすべき役割とは何であろうか。コーン・フェリーによるグローバル企業の分析によると、取締役は善管注意義務や注意義務のように法令上の要請から経営を監視・監督することにとどまらず、取締役会自身が企業価値を高めるためのリーダーシップが求められる。

コーン・フェリーのメンバーも著者として名を連ねる経営書『取締役会の仕事』（日経BP社刊）によれば、取締役会のリーダーシップには、「経営陣と協力する」「監視する」「責任を持つ」「関与しない」の4つのカテゴリーが存在する。リーダーシップのあり方は、個別企業によってそのあり方は異なるものの、取締役会の執行に対する役割を4つのカテゴリーごとに明確化することが重要になる。

例えば、経営陣による適切な業務運営は法令上の要請からも当然にして取締役会が「監視する」カテゴリーである。一方で、企業戦略、資本配分、M&Aや人材開発などは取締役会が「経営陣と協力する」ことを通じて良い結果を引き出す分野である。CEOの選任、経営者報酬などは取締役会が主体的に「責任を持つ」カテゴリーである。さらに、業務遂行や非戦略的な判断など、業務の機動性の観点からも取締役会があえて

「関与しない」カテゴリーを明確にすることも重要になる。

このような取締役会の役割とバランスに応じて経営陣をリードしていくことが中長期的な企業価値を高めるために取締役会に求められるリーダーシップである。

◎日本企業における一般的なケース

日本企業の取締役会はこのリーダーシップの観点から取締役会のあるべき役割を明確化できているケースはそれほど多くはない。もちろん、会社法上の規定にもとづく取締役会の任務や各社において取締役会規程や権限規定を策定して運用しているのはどこの会社も同じである。

例えば、「取締役会は、業務執行に関する重要な事項を討議・決定するとともに、取締役及び執行役員の職務の執行を監督する」などの役割が社内規定にあるが、これだけでは取締役会がどのようなリーダーシップを求められているかを定義したものとはいえない。

このリーダーシップの意味するところは、法律・ルールに即した前提で、取締役会に対する期待値や役割分担を具体的にどのように考えるかというものを言語化したものである。中長期の企業戦略や各社固有の事情を踏まえたうえで、自社の取締役会に何を期待するかを最初のステップとして具体化することをお勧めしたい。

要素②　正しいアジェンダ（The right agenda）

企業経営において企業価値を測定する指標として、キャピタルゲインと配当の総和で算出するTSR（Total Shareholders Return：株主総利回り）がよく使われる。

コーン・フェリーは、VUCAの時代といわれる変化の激しい環境において中長期的な企業価値を持続的に創造するために、長期志向の取締役会が議論すべきアジェンダとして、TSR（Talent：人材、Strategy：戦略、Risk：リスク）の枠組みを推奨している。取締役会がリーダーシップをとって、TSR（人材、戦略、リスク）に関する課題を議論し、解決に向けて取り組むことが企業価値の創造へのあるべき姿といえる。

ビル・マクナブ／ラム・チャラン／デニス・ケアリーの著書『人材、戦略、リスク（Talent, Strategy, Risk: How Investors and Boards Are Redefining TSR）』（Harvard Business Review Press,2021）に述べられているTSRのコンセプトを以下に示す。

［Talent：人材］

ＴＳＲの枠組みにおいて、Talent（人材）が最初の柱として位置づけられている点には意味がある。人材が戦略を立案・実行し、リスクを管理し、リソースを配分する主体となるため、人材こそが企業における最も重要な要素である。実際に、どの会社そして事業の成功も失敗も、結局は人材の議論に行きつくことが多い。そのため、人材が最初の柱（人材ファースト）であるべきと考えられている。

会社として最も影響のある重要な人材は、社長・ＣＥＯである。この人材ファーストの考え方は、社長・ＣＥＯの選任・評価がガバナンスの１丁目１番地ともいわれており、取締役会の重要課題であることと合致する。

ある米大手企業のＣＥＯは取締役会後に開催される毎回の社外取締役会議において、人材をテーマに議論している。その場では、ＣＥＯの後継者（次世代、次々世代）計画、シニアオフィサーのパフォーマンス評価、育成など、会社の重要資産であるコアとなる人材について幅広く取締役間で継続的に議論を行っており、そのような取り組みを前提として最適なＣＥＯを選定するというサクセッションプロセスが整備されている。

［Strategy：戦略］

ＴＳＲの2番目の柱として位置づけられるアジェンダが、Strategy（戦略）である。人材が戦略を立案し、その戦略を実行するためには適切なスキルをもった人材が必要になることから、戦略と人材は密接不可分な関係にある。取締役会における戦略に関するアジェンダとしては、中期経営計画、Ｍ＆Ａ、大規模な投資を伴う変革、資本・財務政策などが一般的である。

従来の取締役会における戦略のアジェンダとしては、3～5年の中期経営計画とそれに伴う予算・人員計画を作成して、その実行状況をモニタリングすることが一般的であった。

一方で、ＶＵＣＡの時代においては、顧客、マーケット、競合の変化に迅速に対応するために、戦略自体をよりアジャイル（機敏）に変化させる必要性が高くなっている。そのような観点から、取締役会としては、長期志向で将来を見据えながらも、足元の変化に柔軟に対応できる戦略について、より突っ込んだ議論をしていく必要がある。

［Risk：リスク］

TSRの3番目の柱が、Risk（リスク）である。リスク管理は、取締役会におけるモニタリング機能として議論されるべきアジェンダである。パンデミック、政治、マクロ経済、コンプライアンス、サイバーセキュリティ、サプライチェーン、アクティビズム（株主行動主義）、環境、人材など、企業には多種多様なリスクが存在する。そのなかから、会社の運営に対して重大だと予測できるリスクを洗い出し、それを取締役会で議論するための組織能力が企業側に求められている。

一方で、リスクの議論ばかりに時間を費やしてしまって、肝心の人材や戦略の議論がおざなりになることはあってはならない。重箱の隅をつつくのではなく、致命的なリスクに関して必要な対応策を議論することが取締役会に求められることであり、そのような趣旨を踏まえて3番目の柱に位置づけられている。

TSRを踏まえた取締役会のアジェンダはどのようになるのかについて、図表2－3に例を示す。

図表2-3　コロナ後の世界を見据えたTSRアジェンダの例

Talent	•事業オペレーションに重要な要素となるポジションすべてを含む経営幹部の緊急時のサクセッションプラン •コロナ後の戦略シフトをにらんだ取締役のより包括的なサクセッションプラン •コロナ後の成長を加速するリーダー人材の特定・確保 •従業員のエンゲージメントの維持・向上 •従業員の就労環境・健康（家族を含む）
Strategy	•企業の存在意義・価値観（Purpose、Values）に即した意思決定 •ステークホルダーの優先順位づけの再確認（配当vs.社員への財務的な支援） •気候変動問題を巡る企業の情報開示（TCFD）
Risk	•経営環境等の変化によるストレステスト（例：現金、流動性） •サプライチェーンの多様化・再構築 •人種差別問題への対応、など

◎日本企業における一般的なケース

ＴＳＲアジェンダを前提とした場合に、現状の日本企業にとっては何が課題となるだろうか。一番の大きなギャップは、Talent（人材）である。日本企業の取締役会では人材について深みのある議論がなされていないことがわかっている。

経済産業省が大手上場企業約８００社を対象としたアンケートによると、取締役会の時間配分として、経営戦略：約17％、経営陣の指名・報酬：約5％、個別の業務執行の決定：約32％、個別の業務執行の報告：約37％という結果になった。

ここから、個別業務執行の報告と決定に取締役会の合計時間の約7割が割かれている事実が明らかになっている（出所：「社外取締役の現状について（アンケート調査の結果概要）」２０２０年5月）。

「決議疲れ、報告疲れ」と巷で揶揄されるような日本の取締役会の特徴を示した結果ともいえるが、この結果に照らすと、ＴＳＲの観点からアジェンダを見直す必要のある日本企業が相当数存在することが窺える。

要素③　正しい構成（The right structure）

取締役会の実効性を高めるうえで、取締役として適性が高い人物を任命することも大事な要素である。第1章で紹介したスキル・マトリックスの考え方は、取締役会のメンバーの要件や構成を高度化するための有用なツールである。各取締役に求められる要件を明示したスキル・マトリックスを起点に、各取締役に適する人材要件を、コンピテンシー（行動・思考特性）、性格、動機なども含めて包括的に定義し、その要件を満たした人材を選任し、評価し、サクセッションするという一連の人材マネジメントを実施することを通じて、正しい人材が取締役となる仕組みを構築することができる。

コーン・フェリーは、正しい取締役で構成される取締役会として、以下の4点が満たされることが必要としている。

- **経営陣を監督し効果的に支援するための知識と経験をもつ取締役で構成されている**
- **個々の取締役の役割が明確になっている**
- **個々の取締役が適切に評価されている**
- **個々の取締役のサクセッションが計画されている**

取締役会及び指名・報酬・監査等の各委員会で質の高い議論を行うには、取締役会議長や委員長に適切な人材を任命することが重要となる。

取締役会議長や委員長は、経験豊富な人物が担う必要があり、その手腕によって議論の質が大きく変わる影響力の大きい役割である。そのため、取締役会議長や委員長は他の取締役と比べても、求められる役割・責任や経験・スキル、コンピテンシー（思考・行動特性）、性格などの水準が一段高くなる。

取締役会議長の役割を人材要件として個別に定義して、期待されるリーダーシップ、知識・経験、視座の高さ、ファシリテーション力、コンピテンシー、性格（アサーティブネス、粘り強さ等）などの選任基準を設定している日本企業も存在する。取締役会議長は、社長・ＣＥＯとして取締役会に貢献した経験、複数社の取締役会で貢献した経験など、取締役会に対する経験の幅や深さが求められるポストともいえる。

また、任意を含めた指名委員会、報酬委員会、監査委員会の各種委員会の委員長も、そのリーダーシップに加えて、役員の選解任や報酬制度、監査など、それぞれの領域における検討の場数を踏んだ人物を任命しないことには、議論の実効性を高めることは難しい。

◎日本企業における一般的なケース

取締役会において実効性の高い議論ができていない日本企業には、概ね次のような現象が共通に見られる。

- 会社の今後の戦略と取締役個人のスキルセットが整合していないため、突っ込んだ議論にならない
- 取締役が自分と他の取締役に求められている役割を理解していないため、十分に能力が発揮できない
- (とくに社外取締役に)適切な経験・スキルをもつ人材が任命されておらず、かつ各取締役に対する評価やフィードバックを実施していない
- 取締役のサクセッションが体系的に計画されておらず、場当たり的な選任を行うことにより、正しい人材を任命できていない

いずれも各取締役に対する役割やスキル・マトリックスを含めた人材要件を踏まえた適切な選任、評価、サクセッションが機能していないことがこの背景にある。

今後、日本企業が人材の側面から取締役会の実効性を高めるためには、取締役に対す

る人材マネジメントを抜本的に改革していかなければならない。

要素④　正しい運営（The right process）

取締役会が機能を発揮するためには、取締役会の適切な運用や質の高い議論が不可欠である。コーン・フェリーは取締役会が正しく運営されている状態を以下のとおり定義している。

- 取締役会、委員会、執行部門内の会議体における役割分担が適切であること
- 取締役会と個々の取締役の評価を定期的に行っており、取締役会評価を踏まえたアジェンダの優先順位づけを実施していること
- 重要な事項について十分に時間をかけて議論できていること。新たな重要課題が出てきた場合には、柔軟に議案を変更していること
- 情報共有や事前説明を通じて、各取締役が建設的な議論を実施するうえで議題に関する情報を十分に理解していること
- 社外取締役の多様な視点と執行に対する牽制力を活かした議論や社内取締役・執行役等の社外視点を高める突っ込んだ議論を行い、長期的な企業価値創造の観点から

明確な意思決定を行っていること

取締役会の運営の質を高めるためには、運営をサポートする取締役会事務局の役割も重要である。欧米では、コーポレート・セクレタリーあるいはカンパニー・セクレタリー等と呼ばれる、取締役会・委員会の運営を担う機能が確立されている。

コーポレート・セクレタリーはコーポレートガバナンスを一元的に担当する部署であり、このスタッフの質が取締役会の運営の質を決めると言っても過言ではない。全社戦略を理解し、取締役会の実効性を高めるために、膨大なアジェンダ案の優先順位づけを行い、適切な日程・時間配分を確保し、多様な視点から実質的な議論ができるように各取締役及び取締役会を全面的にサポートする重要なポジションである。スタッフには、全体を俯瞰する「鳥の目」と細部の運営に配慮できる「虫の目」を双方ともに備える必要があり、優秀な人材を取締役会事務局に任命する企業においては、取締役会の運営の質が高い場合が多い。

非執行の社外取締役に対する情報共有も議論の質を高めるうえでは重要である。

海外大手企業のＣＥＯは、自社の取締役に対して、最低月に1回マーケットや規制の動向をアップデートしているという。そのうえで、取締役会の開催前に、論点と意見をもらいたいポイントを簡潔に示した数枚の資料を事前送付することで、当日の議論の質を高めるような努力をしている。

◎日本企業における一般的なケース

日本企業の取締役会においては、前述のとおり決議事項と報告事項の議題数が多く、膨大な量の資料が事前に送付されることにより、実態としては、「決議疲れ、報告疲れ」の取締役会になってしまっている企業も少なくない。実際に取締役会の所要時間も増加傾向にあり、取締役会評価の課題のトップが「取締役会の運営方法」となるなど、運営の見直しが急務である。

とくに運営が機能していない取締役会においては、次のような現象が共通している。

- 取締役会の役割が曖昧で、意思決定に逡巡する
- 準備、議事運営、コミュニケーションの不十分さが質の高い意思決定を阻み、直面している経営課題への適切な対応が遅れる

- 取締役に戦略に対する共通理解が不足しており、議論や意思決定が形式的になる（追認や細かい点の揚げ足取りに終始する場合も）
- 優先順位が曖昧で目の前の課題に偏重しやすくなる（例：規制対応、コンプライアンス）
- 短期的成果を求める圧力に屈する

日本企業が、TSRアジェンダに関して本質的な議論をするためには、アジェンダの優先順位と絞り込みの実施、論点ベースの多様な視点を踏まえた議論、資料の簡素化など、運営上の改善点が多い。

要素⑤　正しいカルチャー（The right culture）

最後の要素としては、取締役会のカルチャー（各取締役がつくり出す組織風土）が正しく根づいているかどうかが、実効性の向上を左右する。コーン・フェリーは取締役会に期待されるカルチャーとして以下を定義している。

- 取締役が相互を信頼し、高い倫理と貢献の意識に貫かれている

- 建設的なチャレンジと率直な対話が取締役間、取締役と経営陣との間で行われる
- 多様な視点、経歴、経験や新たなアイデアを集団として望む
- 取締役会として課題を振り返り、改善に取り組む

このようなカルチャーを醸成するためには、当然ながら取締役会や各種の委員会といった公式の会議だけでは難しい。取締役によるオフサイトミーティングの実施、社外取締役による会社への理解を深めるためのセッションなど、多様性を生かすためのオープンな仕掛けが必要になってくる。

海外大手企業のCEOは、社内から新しいアイデアが生まれにくいことを認識しており、あらゆるステークホルダーと取締役のディスカッションを奨励している。例えば、アナリストの意見を聴く、取引先や顧客と取締役が直接意見交換を行う、工場の現場視察を取締役が訪問することなどにより、多様な視点をもった取締役会に取り組んでいる。

◎日本企業における一般的なケース

日本企業の取締役会は、経験・スキル・文化・価値観の多様性が進んでおらず、まだ

社内用語や社内ルール・暗黙知中心の同質性の高い組織文化の取締役会にとどまっているケースも少なくない。そのようなケースにおいては次のような現象が共通して見られる。

- 取締役間の交流が少なく、相互に尊重し、信頼するに至っていない
- 形のうえでは「同僚」であるため、相互にフィードバックを与えない
- 取締役会としてのリーダーシップの欠如が、執行による取締役会の軽視と取締役同士の軋轢や権力闘争につながることもある

取締役会の多様性とともにカルチャー変革という視点も忘れてはいけない重要な論点である。

3 取締役会をどのように評価すべきか

ＣＧコードが求める取締役会の実効性評価

取締役会の実効性評価は、取締役会における課題を明らかにし、課題に対する改善策を実行するプロセス自体に意味があり、ＰＤＣＡを通じて取締役会の機能を向上することを目的としている。

ＣＧコードの補充原則４－11③は、取締役会全体の実効性についての分析・評価を実施し、その結果の概要を開示することを求めている。

取締役会の実効性評価とは、取締役会がその役割・責務を実効的に果たすために、各取締役個人の職務遂行の状況のみならず、取締役会全体が適切に機能しているかを定期的に検証することであり、その結果を踏まえ、問題点の改善や強みの強化等の適切な措置を講じていく、という継続的なプロセスを想定しているものである。東証一部及び二部の81・5％（２１６１社）が実効性評価を実施しており、実務として定着しつつある。

実効性評価について、実施主体としては自己評価と第三者評価が存在し、実施方法としては、アンケート、インタビュー、取締役会への陪席、ベンチマーク分析などがある。評価対象として、取締役会に限定せずに、指名・報酬・監査などの任意も含めた各種委員会を含める場合も少なくない。評価項目は、取締役会の役割、構成、運営、カルチャーなど、各社ごとに項目を設定していることが一般的である。

形骸化しつつある取締役会の実効性評価

取締役会の担当者からよく聞く話として、相当数の企業において、実効性評価の形骸化が進行している。定型のアンケートと社内取締役側が主導する自己評価によって実効性を評価する企業に、とくにその傾向が強くあらわれているようだ。このような会社の実効性評価の結果は、たいてい「実効性は確保されている」という結論に加えて、特定された課題として「資料の量と質の充実」のような事務運営における些細な課題をあげるにとどまっており、形式的かつ消極的に実効性評価に対応をしているように見受けられる。そもそも、どういう状態であれば実効性が高いのかが明確になっていない状態で、アンケートを通じて実効性が高いという各取締役の個人的な見解をもって、自社の取締役会の実効性が高いと判断するのはやや危険な行為である。

取締役会の実効性評価は、それ自体が目的ではなく、あくまで目的を達成するための手段である。いいかえると、どのような目的やゴールをもって取締役会の実効性評価を実施するのかが明確にないと、ただやらされるだけの意味のない評価になりかねない。

本質的に取締役会の実効性の向上に取り組む企業においては、中長期的な企業価値の向上をゴールにして、自社の取締役会のあり方を真剣に考え、本質的な課題をあぶり出して、それを真摯に受け止めて改善する姿が見られる。そのような企業は、社外や外部の視点やベストプラクティスを積極的に取り込みながら、継続的なＰＤＣＡサイクルをまわすことで、進化しつづけることが可能になる。

実効性評価を高度化することの重要性

グローバル企業の取締役会の実効性評価の実務として、取締役会や各種委員会への陪席、取締役や執行幹部に対するアンケートやインタビューの実施、グローバル企業のベンチマーキング、取締役会・各委員会の運営事務局との議論等について専門家の知見を踏まえて実施することが多い。実効性を高めるためのゴールや目指す姿を適切に設定したうえで、客観的な視点から本質的な課題を指摘し、それを真摯に改善することを通じて、取締役会の実効性を高めることができるようになる。

米国企業は、「取締役会」の実効性評価にとどまらず、「各取締役」の個人評価を厳格に実施するケースも少なくないようだ。つまり、取締役が相互にピアレビュー（取締役が相互に評価を実施すること）を実施し、フィードバックすることにより、それぞれの取締役のパフォーマンスを高める仕組みを導入するのである。

例えば、2期連続で個人評価が悪かった場合は取締役を退任させる、最下位の個人評価の場合には再任しないなどの厳格な運用を行うグローバル企業もある。これはあくまで一例ではあるが、各社において自社の状況に即した形で、本質的に取締役会の実効性を高めるための評価のあり方を考え直す時期に来ているといえよう。

実効性評価の開示事例　アサヒグループホールディングス

アサヒグループホールディングスの開示資料「取締役会の実効性の評価の結果の概要（2021年3月25日）」において、グループ理念〝Asahi Group Philosophy〟を制定し、持続的な成長と中長期的な企業価値の向上を目的として取締役会の実効性評価を実施していることがわかる。総評として、「2020年度の取締役会は、当社の持続的な成長と中長期的な企業価値の向上に必要な実効性を有している。その実効性のベースも引き続き向上している。」としており、次の2点を実効性を高めるうえでのポイントとしている。

①必要なテーマを特定し、審議・モニタリングの対象として設定していること
②必要な取締役会の体制の下、審議・モニタリングしていること

さらなる実効性向上のために対応すべき課題としては、次の4つを掲げており、この課題解決を2021年度の取締役会年間活動計画に盛り込む旨が明示されている。

①超長期・長期のメガトレンドを見据えた戦略と事業ポートフォリオに関する議論の実施
②グループグローバルガバナンス、クライシスマネジメントの高度化に関する議論
③サステナビリティ戦略と経営戦略を統合した議論とモニタリングの実施
④グローバルカンパニーとしての取締役会機能の高度化の議論の実施

アジェンダ設定に関しては、「コーポレートテーマ（取締役会が主体的に行動すべき事項)』「モニタリングテーマ(取締役会が監督すべき事項)」「オペレーションテーマ(運営上取り組むべき事項)」の3つに分類し、戦略的にアジェンダを設定のうえ、取締役会活動計画に落とし込み、年間計画として実行している。

さらに、CEOと取締役のサクセッションプラン(後継者育成計画)と取締役のスキル・マトリックスも連動しており、取締役会の実効性評価を起点に各種コーポレートガバナンスへの取り組みを包括的につなげて取り組んでいる。

ここまで取締役会の実効性を高めるための方策について、発展段階、実効性を高める5つの要素、実効性評価、という流れで論じてきたが、これらの論点こそが、取締役会を進化させるためのキーレバーである。今後、より多くの日本企業が、自身の課題に向き合って、取締役会を高度化していくことを切に願うばかりである。

第3章

日本の社外取締役の実情

1 ≫ 社外取締役を設置する意義

社内取締役のしがらみにより構造改革が遅れた事例

事業ポートフォリオの構造改革が、事業部門長を兼任する社内取締役の抵抗により検討が遅れてしまった事例を紹介する。

東証一部上場の大手メーカーは、グローバルに複数の事業を展開しており、社長、副社長に加えて、各事業部門の責任者が取締役を兼任する体制となっていた。同社の次期中期経営計画の検討においては、会社全体及び各事業のROE目標を厳格に設定し、ヒト・モノ・カネのリソース配分を事業間で機動的に入れ替えることにより、全社目標を達成するポートフォリオ再編が大きな柱となっていた。

そのための議論材料として、縦軸を市場成長率に、横軸を収益性にして各事業をマッピングし、同社の目指すべき事業ポートフォリオについて経営会議で議論された。

経営会議の席上、4象限の左下（成長性：低、収益性：低）に位置づけられた事業部門長A氏から「この分析は各事業の特性を十分に踏まえていない。成長性と収益性の2

軸の機械的な分析をもとにした議論に付き合うつもりはない」という猛烈な反発があり、議論がストップしてしまった。

A氏の主張は成長性や収益性だけではなく、顧客基盤、競争優位性、社会的な責任など、いくつもの評価軸を勘案して多面的に判断すべき（そうすれば担当事業はそこまで悪く見えない）というものであった。事業部門の責任者として今後自部門を強化するミッションをもつA氏にとっては、成長性と収益性だけで事業間のリソース配分の優先順位が判断されることは納得ができなかった。

結果として、取締役も兼任しているA氏の強い主張もあり、優先順位の議論は取締役会に上程されることはなく、同社の中期経営計画は従来どおり、すべての事業を少しずつ成長させていくという総花的な内容となってしまった。

数年後、同社は、経営陣に独自の視点から鋭く切り込むことで有名な社外取締役B氏を選任した。B氏は就任するとすぐに、事業別ROEと投入資源（ヒト、モノ、カネ）のデータの提出を求め、事業ポートフォリオを再構築しないことには、会社の成長は難しいと結論づけた。そこで、取締役会の席上で、事業ポートフォリオのあり方を取締役会で議論すべきと要請した。

社外取締役B氏の要請を受けて、事業ポートフォリオの分析と議論が再びはじまった。しかし、今回はそもそも議論したくないという A 氏の社内論理は一切通じなかった。議論しないという逃げは許されず、A 氏の主張も踏まえたうえで、さまざまな観点から議論することとなった。

社外取締役B氏を含めた取締役会で、あるべき事業ポートフォリオを議論した結果、低成長・低収益であった事業（A氏の担当部門）についてはリソース投入を絞って、コスト構造改革を積極的に実施していく方向性が合意されたという。

この事例のように、事業部門の責任者が取締役を兼任すると、同一人物が執行側と監督側を兼務することとなるため、双方の役割を同時に果たすのが難しくなる。取締役会で実質的な議論をするためには、社内取締役も必要なことは明らかであるものの、とくに事業部門長を兼任する社内取締役については、しがらみにとらわれず、双方の役割を踏まえて適切にふるまうことができるかが重要となる。

このように、これまで社内論理によって議論されてこなかった本質的な論点を、社外取締役の視点から指摘し、取締役会で議論することは経営力の向上という観点から意義があるといえる。

取締役会の責務と社外取締役の役割

取締役会の責務は、株主からの付託を受けて、会社の持続的な成長と中長期的な企業価値の向上を図る観点から経営を監督することである。取締役は、株主総会で選任され、会社との間で委任関係に立ち、会社に対する善管注意義務や忠実義務を負っている。

会社法においては、監査役会設置会社（東証上場企業のうち2495社：67・9%が採用）、監査等委員会設置会社（同1106社：30・1%が採用）、指名委員会等設置会社（同76社：2・1%が採用）、の3つの機関設計がある（2020年末時点）。

いずれの機関設計においても、会社法に規定のある取締役会の法令上の主な職務・権限については、

①会社の業務執行の決定
②取締役の職務の執行の監督
③代表取締役の選定及び解職

の3つとなっている。

これに加えて、指名委員会等設定会社においては、各委員会の委員の選定・解職も職務・権限として追加される。

CGコード第4章（取締役会等の責務）においては、取締役会の主な役割・責務として、

(1)企業戦略等の大きな方向性を示すこと

(2)経営陣幹部による適切なリスクテイクを支える環境整備を行うこと

(3)独立した客観的な立場から、経営陣（執行役及びいわゆる執行役員を含む）・取締役に対する実効性の高い監督を行うこと

の3つをあげ、これらの役割・責務は、「いずれの機関設計を採用する場合にも、等しく適切に果たされるべきである。」とされている。

取締役会がその責務を果たすうえで、社外取締役に期待される機能とは何であろうか。法制審議会会社法制部会第4回会議（2010年8月25日開催）部会資料によれば、社外取締役が担う主な機能は、以下の3つに分類されるとしている。

①経営効率の向上のための助言を行う機能（助言機能）
②経営者の評価・選解任その他の取締役会における重要事項の決定に関して議決権を行使することなどにより、経営全般を監督する機能（経営全般の監督機能）
③会社と経営者との取引の承認など会社と経営者等との間の利益相反を監督する機能（利益相反の監督機能）

社外取締役の5つの心得

このような期待される機能の発揮も踏まえ、経済産業省「社外取締役の在り方に関する実務指針（社外取締役ガイドライン）」では、「社外取締役の5つの心得」が公表されている。

この5つの心得において、社外の立場として求められる期待や社外であることの付加価値は何かが次のように整理されている。

［心得1］社外取締役の最も重要な役割は、経営の監督である。その中核は、経営を担う経営陣（特に社長・CEO）に対する評価と、それに基づく指名・再任や報酬の決

定を行うことであり、必要な場合には、社長・CEOの交代を主導することも含まれる。

［心得2］社外取締役は、社内のしがらみにとらわれない立場で、中長期的で幅広い多様な視点から、市場や産業構造の変化を踏まえた会社の将来を見据え、会社の持続的成長に向けた経営戦略を考えることを心掛けるべきである。

［心得3］社外取締役は、業務執行から独立した立場から、経営陣（特に社長・CEO）に対して遠慮せずに発言・行動することを心掛けるべきである。

［心得4］社外取締役は、社長・CEOを含む経営陣と、適度な緊張感・距離感を保ちつつ、コミュニケーションを図り、信頼関係を築くことを心掛けるべきである。

［心得5］会社と経営陣・支配株主等との利益相反を監督することは、社外取締役の重要な責務である。

このように社外取締役の役割や心得は、さまざまな観点から整理されているものの、最も期待されるべき役割は、［心得1］のとおり、経営の監督とりわけ経営陣の指名・報酬への関与である。

第1章で触れたとおり、CGコードの要請によって、任意も含めた指名委員会・報酬委員会の設置が増えているが、社外取締役を中心に構成される指名委員会・報酬委員会によって、経営陣の指名・報酬について適切なガバナンスを働かせるための重要な仕組みとして機能することが期待されている。

2 社外取締役に求められる役割の実態

社外取締役の関与が進まない日本の経営者の指名・報酬

日本企業の社外取締役に最も期待されている役割は、経営陣の指名・報酬への関与であるが、経済産業省が2020年5月に公表した「社外取締役の現状について（アンケート調査の結果概要）」からは、社外取締役の関与は実態として進んでいない事実が明らかになっている。

- **社長・CEOは、社外取締役に対して経営陣の指名・報酬への関与をそれほど期待していない**（図表3－1）

社長・CEOが社外取締役に対して最も期待している役割として、「経営に関する助言・指導（約60％）」、「業務執行に関する監督（約29％）」が多いのに対して、「経営者の指名や報酬」を最も期待していると回答した割合は1％未満となっている。

- **社外取締役自身も、経営陣の指名・報酬への関与への優先度が高くない**（図表3－2）

社外取締役が最も重視している役割として、「経営戦略・計画の策定への関与（約54％）」、「コンプライアンス・不祥事対応への関与（約34％）」が多いことに対して、「経営陣の指名・報酬プロセスへの関与」を最も重視している割合は約7％と劣後している。

上記の結果から、世の中であるべき論として語られている社外取締役の期待役割と、

図表3-1　社長・CEOが社外取締役に期待している役割

(n=537)

社長・CEOが社外取締役に期待している役割	最も期待している	2番目に期待している	3番目に期待している
経営に関する助言・指導	59.6%	19.6%	8.8%
社長・CEO等経営陣による業務執行に関する監督	29.2%	39.7%	15.5%
法務や会計等、会社経営一般の専門的知見の提供	9.1%	21.0%	24.4%
社長・CEO等経営陣の指名（新任・再任・解任）に関する監督	0.8%	10.6%	17.3%
リスク管理体制の構築	0.9%	4.7%	12.3%
社長・CEO等経営陣の報酬に関する監督	0%	1.5%	10.4%
会社と経営陣・支配株主等との間の利益相反の監督	0.2%	2.0%	8.4%
株主・投資家との対話	0%	0.4%	2.2%

出所：経済産業省「平成30年度コーポレートガバナンスに関するアンケート調査（社長・CEO向け）」

図表3-2　社外取締役として最も重視している役割

(n=723)

	社外取締役が最も重視している役割
経営戦略・計画の策定への関与	53.8%
コンプライアンス・不祥事対応への関与	34.2%
経営陣の指名・報酬プロセスへの関与	6.9%
個別の業務執行への関与	4.7%
（支配株主を有する企業の社外取締役のみ選択）一般株主の代弁者としての利益相反管理への関与	0.4%

出所：経済産業省「社外取締役の現状について（アンケート調査の結果概要）」（2020年5月）

企業側・社外取締役自身が重視している役割の間にはギャップがあることがわかる。

この背景には、企業側として、社長を含めた経営陣の指名・報酬に社外取締役が積極的に関与すること自体に抵抗があることに加えて、社外取締役自身も企業側の思惑をよく理解して立ち回っているという状況をこの結果が示唆しているとも考えられる。

一方で、株主・投資家側は社外取締役に対して何を期待しているのだろうか。

一般社団法人生命保険協会が上場企業や機関投資家等を対象に実施した「企業価値向上に向けた取り組みに関するアンケート（2020年度）」によれば、社外取締役の役割として、「経営戦略・重要案件等に対する意思決定を通じた監督（64・7％）」、「経営陣の評価（選解任・報酬）への関与・助言（57・8％）」がとくに重要であると回答している。

つまり、投資家視点では、社外取締役による経営陣の指名・報酬への関与に対する期待値が高いのである。

また、同アンケートによれば、投資家視点から、社外取締役が期待役割を果たしているかという設問に対して、「不十分であり、改善の余地がある」が55・9％と、社外取締役に対して手厳しい評価となっている。

経営陣の指名・報酬は、社内のほうが社外取締役よりも候補者の実態や人となりを知っていることは確かではあるし、時間を長く共有していない社外取締役に人事面で余計な関与はしてほしくないという本音と、それを感じ取る社外取締役のスタンスには理解できる一面もある。

しかしながら、社長が密室で次期社長を選ぶことから生じる弊害に対して、株主・投資家視点も踏まえた客観的で透明なサクセッションのプロセスを構築し、それをモニタリングすることはコーポレートガバナンスの重要な使命である。その目的を達成するために、今後は、社外取締役のみならず、経営者自身に対して、経営陣の指名・報酬のプロセスに対する十分な教育や理解浸透が必要になってくるのがいまの日本の実態と思われる。

また、社外取締役の選任を指名委員会ではなく、社長・CEOが行っていることも、社外取締役への経営陣の指名・報酬への関与が低くなる一因とも考えられる。

すなわち、社長・CEOが自身のネットワークから選任した社外取締役であれば、いわゆる仲良しクラブのメンバーが増えるリスクがあるためである。

実際、経済産業省のアンケート調査によると、社長・CEOが自身の指名を主導した

図表3-3　社外取締役の選任の経緯

	（当時の）社長・CEO	社長・CEO以外の社内取締役	指名委員会（※任意の委員会を含む）	社外取締役	その他
全ての社外取締役（n=1311）	65.0%	11.5%	5.6%	6.1%	11.7%
法定の指名委員会を設置している企業の社外取締役（n=96）	32.3%	9.4%	39.6%	10.4%	8.3%
任意の指名委員会を設置している企業の社外取締役（n=769）	66.6%	12.1%	4.7%	5.5%	11.2%
指名委員会が設置されていない企業の社外取締役（n=446）	69.3%	11.0%	0%	6.3%	13.5%

出所：経済産業省「社外取締役の現状について（アンケート調査の結果概要）」（2020年5月）

と認識している社外取締役は65％と大半を占め、法定の指名委員会が設置されている企業であったとしても、32・3％は社長・CEOが社外取締役を選任している（図表3－3）。

経営者の指名・報酬に対する社外取締役の関与のあり方

経営者の指名・報酬領域に関して社外取締役の関与を高めるためには、指名委員会と報酬委員会の実効性を高める必要がある。

東京証券取引所（東証）発行の『東証上場会社 コーポレート・ガバナンス白書2021』によると、202

0年12月末における市場第一部・市場第二部の上場会社のうち、任意の指名委員会・報酬委員会を設置している会社は過半数の54・6％に達する一方で、これらの委員会の実効的な運営は検討課題として言及されている。

金融庁および東証が設置したスチュワードシップ・コード及びコーポレートガバナンス・コードのフォローアップ会議が2020年12月に公表した意見書においては、コロナ後の企業の変革に向けた取締役会の機能発揮の観点から、独立性の高い指名委員会・報酬委員会（法定・任意）の設置と機能向上（指名委員会においては候補者プールの充実等のCEOや取締役の選解任機能の強化、報酬委員会においては企業戦略と整合的な報酬体系の構築、両委員会における活動状況の開示の充実）が提言されており、この理念が2021年6月のCGコードの改訂にも反映されている。

また、指名委員会・報酬委員会について、各委員会を年5回以上開催している上場会社は2割程度ある一方で、年2回以下の上場会社も4～5割となっているなど、活発に議論されている状況とはいえないとしている。

加えて、任意の指名委員会及び報酬委員会の委員長の属性について、社外取締役を委員長とする上場会社は5割程度ある一方で、社内取締役（社長や会長など）を委員長とする会社も4割程度と、社外取締役による経営陣の指名・報酬への関与へのスタンスに企業間で差があることは否めない。

今後、指名委員会や報酬委員会の実効性を高めるには、指名委員会や報酬委員会の議長やメンバーの大半について、スキル・経験が豊富な社外取締役を選任することが、議論の質を担保する観点からはより重要になる。

社外取締役の指名・報酬に関するスキル・経験の担保

実態として、日本の企業において、指名委員会や報酬委員会に社外取締役として入っているメンバーのスキル・経験不足が指名委員会や報酬委員会の実効性強化のボトルネックになっている可能性がある。

こうした経営陣の指名・報酬に関するスキル・経験を備えるための一番の近道として、「経営トップの経験」が最も有効であることがわかっている。経営トップの立場は究極のゼネラルマネジメント職であり、企画、人事、財務などの複数機能をトップとして統括し、投資家も含めた幅広いステークホルダーに対峙するポジションであることが大きい。

さらに、トップは後ろを振り向いても誰も救ってくれない。「社長と副社長の差」と「副社長と部長の差」は、前者のほうが大きいといわれるとおり、トップと2番手では役割や経験の幅が大きく異なり、経営トップというポジションが社外取締役として企業経営を高度化させるうえでも有効な経験といえる。

ここで米国における指名・報酬委員会の人材動向に触れておきたい。人事・組織分野のコンサルティングファーム、スペンサースチュワートの調査によると、米国における指名委員会や報酬委員会の委員長の属性で最も多いのが、CEO／議長／副議長／会長／COO経験者であり、それぞれ全体の42％（指名委員会）、49％（報酬委員会）となっている。

経営経験者は経営者の指名・報酬に関する経験が通常はあることから、米国では、各委員会に求められる期待役割のなかでも指名・報酬に必要なスキル・経験をもつ候補者が選任されていることが読み取れる。

3 士業・学者・官僚出身の社外取締役に期待すべきこと

日和見主義により社外取締役が形骸化した事例

形勢を窺って、自分の都合の良いほうに追従することを日和見主義というが、このような考え方で社外取締役の選任が形骸化した企業の事例を紹介する。

監査役設置会社であった大手メーカーは、2015年のCGコードの導入に際して、競合企業の対応方針を調査した。その結果、競合の多くが社外取締役2名以上の選任を進めていることを知り、同社も対外的な説明責任の観点から社外取締役2名の選任を決めた。

そこで、社長と旧知の仲であった他業種のトップ3に入る一流企業の元専務執行役員のA氏と、某経済官庁の元幹部であったB氏の2名を独立社外取締役として新たに選任した。独立かつ客観的な立場から執行に対するモニタリングやアドバイスをその2名に期待したものの、取締役会の議論の質の低下が起こってしまった。

A氏は業界トップレベルであった出身企業の成功体験に偏った思い込みのある発言や同社の事業への理解不足による的外れな発言によって、A氏の理解を促すための説明対応に追われて、貴重な取締役会の時間を無駄に費やすことになった。

また、B氏は、控えめかつ協調的で議案に対する異論は一切なかったが、資料の枝葉末節な文言の不備を常に指摘する毒にも薬にもならない存在だった。

約3年後、同社は、競合企業の社外取締役の人数・割合がともに高まり、任意も含めた指名・報酬委員会を導入していることを調査で知り、機関設計を見直すこととした。検討の結果、監査役設置会社から監査等委員会設置会社へ移行し、社外監査役2名（弁護士と会計士）を社外取締役にスライドさせるとともに、任意の報酬・指名委員会を設置した。

元社外監査役から社外取締役にスライドした2名は、士業としての専門分野には強いものの、取締役として全社視点から議論を活性化することは難しかった。

さらに、新たに設置した任意の報酬・指名諮問委員会においては、役員報酬や選解任・後継者計画に関する知見・経験をもつ社外役員が一人もいなかったため、委員会を設置したものの、従来の仕組みから内容面として進化することもなく、単なる会議回数の増加や説明先の人数が増えて、事務局側の負担が大幅に増加したのである。

同社は、ガバナンスの強化を通じて達成したい目的を明確にすることなく、他社のトレンドにとらわれて形式的に対応することで、結果として運営・管理コストのみが増加してしまった。


これは残念なケースではあるが、多かれ少なかれこのような状況に直面している日本企業は意外に少なくない。

社外取締役として一定の割合を占める士業と学者

東証に提出するコーポレートガバナンス報告書において、独立社外取締役の属性について「他の会社の出身者」「弁護士」「公認会計士」「税理士」「学者」「その他」より選択して報告することとなっている。

東証の『コーポレート・ガバナンス白書2021』によると、東証上場会社全体では、「他の会社の出身者」の割合が最も多く、その推移を見ると、2012年65・2％（835人）から2020年58・5％（5185人）と割合としては減少しているものの、人数としては大幅に増加している。

次に多い「弁護士」は、2012年13・1%（168人）から2020年16・3%（1442人）と割合・人数ともに増加傾向にある。

また、「公認会計士」及び「税理士」についても弁護士と同様、割合・人数ともに増加している。

一方で、「学者」は、2012年の11・3%（145人）から2020年には6・6%（582人）と割合は減少しているものの、人数自体は他の属性と同様に増加している。

組織形態別に独立社外取締役の属性を見ると、「他の会社の出身者」の比率が多く、監査役会設置会社では65・1%、監査等委員会設置会社では48・2%、指名委員会等設置会社では60・8%となっている。

また、監査等委員会設置会社においては、弁護士及び公認会計士の比率が比較的高く、これは監査役設置会社から監査等委員会設置会社に移行する際に弁護士や会計士出身者の多い社外監査役が、社外取締役にスライドしていることが1つの要因と考えられる。

士業・学者・官僚出身の社外取締役に期待すること

大前提として、職業経験のみをもって社外取締役の能力を判断することは、必ずしも正しい議論にはつながらない。

例えば、経営に対して積極的にアドバイスする弁護士もいれば、法的リスクのつぶし込みを中心とした守りに強みがある弁護士もいる。学者であっても、なかには、多数の社外取締役を経験し、経営全般にアドバイスを実施する一流の社外取締役も少なからずいる。

そのような背景もあって、コーン・フェリーは、多面的な観点で人材を評価することを推奨している。例えば、社外取締役の選任にあたっては、「スキル・経験」だけではなく、「コンピテンシー」「性格特性」「動機」という包括的な観点から人材のアセスメントを実施することが多い。

ここでは、上記の前提に留意しつつも、まずは、それぞれの職業を通じて得られる主要な経験と社外取締役として期待される役割について、付加価値を出しやすい範囲を整理してみると図表3－4のようになる。

このような観点の整理からも、社外取締役として他社の社長経験者の経験が実質的に

図表3-4　職業属性による期待役割の違い（一般的なケース）

	他企業社長	他企業役員（社長除く）	弁護士・会計士・税理士	学者	官僚
経営者の指名・報酬	●	▲	－	－	－
経営戦略への助言	●	▲	－	－	－
経営の監督（監査、コンプライアンス・リスク管理）	●	▲	●	▲	●

有効であることは一般論としていえる。そのため、経験のみから判断する場合には、優先順位としては、他企業の社長・CEO経験者から社外取締役を選ぶことが、理屈としては正しいことになる。

それでは、近年増加している士業・学者・官僚出身の社外取締役に対して何を期待すべきかといえば、当然のことだが、それぞれが有している専門性や知見を活用した役割だろう。

一方で、社外取締役に対して経営陣の指名・報酬への深い関与や経営戦略に対するアドバイザリー機能を求める場合には、士業・学者・官僚出身者は職業経験上、経営陣の指名・報酬領域や経営戦略そのものに触れる機会がそれほど多くないため、そのような観点からの価値発揮を求めるのは難しい。社外取締役は、会社の内部の情報に触れる機会も限定的であるため、未経験領域に対する価値発揮を期待されたとしても、経験上は難しいというのが実態である。

そのため、士業・学者・官僚出身の社外取締役を選任するにあたっては、そもそも社外取締役の候補者に何を期待するべきかを、取締役のスキル・マトリックスや人材要件定義等を通じて明確にしたうえで、候補者の強みが発揮できるような環境を整備すべきである。

また、経験という観点では、他社の社外取締役を経験しているかどうかも重要である。現在は複数社の社外取締役を兼任するケースが増えているが、実際の社外取締役の経験を積むことによって、社外取締役としての価値発揮の有無にプラスに働く場合が多いためである。

はじめて社外取締役に就任する場合と、2社目3社目の場合には、社外取締役としての立ち振る舞いや発言内容が進化することは容易に想像できる。

4 社外取締役人材の質と量の拡充

米国における独立取締役の選任のトレンド

ここで米国における独立取締役（注：独立取締役とは、米国基準の独立性を満たす社外取締役をいう）の選任のトレンドを紹介したい。前出のスペンサースチュワートの調査（2020 US Board Index）によると、S&P500企業において、2020年に新たに選任された独立取締役の多くが、別の本業をもっているエグゼクティブであることがわかっている。現役のエグゼクティブが他社の独立取締役を兼任するという流れは米国においてのひとつのトレンドとなっている。

そして、米国の独立取締役は、年齢・ジェンダー・国籍などの多様性についても選任の際の要素として重視されている。同調査によれば、新任独立取締役の平均年齢は54歳であり、取締役の平均57・8歳より若い。54%が女性あるいはマイノリティのいずれかである。また、グローバルのビジネス経験をもつ者が42%存在し、米国外出身者も17%となっている。

また、新任独立取締役の16％が退任済みのＣＥＯ、13％が現役のＣＥＯであり、米国においてもＣＥＯ経験は当然に重視されていることがわかる。

米国の新任独立取締役を出身業界別に見ると、取締役の選任トレンドの特徴がわかる。それは、テクノロジー業界の出身者が２０１０年の10％から、10年後の２０２０年には24％とその割合が大きく拡大していることだ。これは、デジタル技術の活用があらゆる業界にとっての重要なアジェンダとなっていることの裏返しであり、テクノロジー業界の知見は社外取締役に対してのアピールポイントとなっている。

各国における取締役会の多様性

ここで、女性及び外国人に関する取締役会の比率の各国比較について、スペンサースチュアート発表の調査データを引き続き示したい。

日本の外国人取締役は４％と、ヨーロッパ圏が軒並み20％台や30％台が多いことと比較しても最低水準にある。

また、女性の取締役比率に関しても、欧米の20％台～40％台であるのに対し、日本は

11％とこれも各国において最低水準であり、日本の取締役会の多様性の低さが浮き彫りとなっている。

日本の文化的な特性であるともいえるが、これまで長年にわたって同質性の高いグループにおける議論を好んできたという側面も否定しがたいと考えられる。

社外取締役における女性・外国人の問題への考え方

２０２０年12月17日付日本経済新聞に「社外取締役１０００人不足　統治指針改定で」という見出しが載り、企業統治の担い手となる社外取締役の不足が深刻であることが報じられた。

その記事中では、「２０２１年に金融庁や東京証券取引所が企業統治指針（コーポレートガバナンス・コード）を改定すると、約１０００人の独立取締役が不足する見通し。女性や外国人など多様性も海外に比べて遅れており、兼任者が増えると実効性が低下するおそれもある。候補人材を育成する仕組み作りが急がれる。」として、女性と外国人の社外取締役候補者のニーズが高まることを指摘している。

ただし、女性と外国人という側面は、ジェンダーやカルチャーにおける多様性であり、必ずしも職務経験やスキル面の多様性とは意味合いが異なる点に留意が必要である。検討のステップとしては、中長期な企業価値の向上に資する各取締役の人材要件について、スキル・経験、コンピテンシー、性格特性、動機などで包括的に定義したうえで、候補者における要件への充足度を総合的に評価することが必要となる。そのうえで、ジェンダーやカルチャーによる多様性が、経営上もプラスの側面をもたらすかは、副次的な視点から判断し、結果として、女性や外国人の比率が増加するというのが望ましい検討アプローチであろう。

最初の入り口で、女性・外国人と絞ってしまうのではなく、女性・外国人は最後に加点要素として勘案することが、本来的に望ましい取締役の構成につながりうると考える。

社外取締役の質と量に関する懸念を払拭する3つのアプローチ

コーポレートガバナンスの現場の意見としては、社外取締役の質に対する懸念が量よりも大きい。ここでは現場の意見をいくつか紹介する。

- 「現在の社外取締役には、コーポレートガバナンスの本質を理解し、適切に監督で

きる能力・経験が不足。それを獲得するために努力しない人もいる」

・「時間の使い方を含めて社外取締役としてのコミットメントが疑われる人材も多くいる。報酬に対して責任が重いことは理解できるが、そのような人材が社外取締役になるのは企業側としても不幸なことである」

・「CEOと健全なパートナーシップを組めるような人材を探すのに苦労している。仲良しクラブでは困る」

・「CEO経験者だから無条件に良いというわけではない。その人が在任中に何を成し遂げたのか。当社の取締役会に貢献するためにはそれが必要」

日本における社外取締役が不足しがちな理由としては、これまでが社内中心の取締役会であったという側面だけでなく、雇用環境としても人材の流動性が低いことが原因の1つとして考えられる。日本の社外取締役に対するニーズが増大しているのに対して、供給側の人材マーケットが追い付いていないというのが実情だ。米国のように、あらゆる階層で人材の流動性が高く、いわゆるプロ経営者が多く存在する人材マーケットでは、職業としてのプロ取締役というのが生まれやすい環境にあることは確かである。

一方、日本においては、社外取締役というキャリアもまだ確立できておらず、供給側の人材マーケットをつくるのが社会的な課題ともいえる。

このような人材面の課題を解決するためには、今後の日本の社外取締役の質と量の向上に向けて大きく3つの取り組みを進めていくことが効果的である。

①他社の社外取締役の経験を現役役員のキャリアパスに組み込む

最近は、日本の大手企業の現役役員が、他業界の社外取締役を兼任するケースが見られてきた。このような流れは、受け入れる企業側としても、本人のキャリアとしても好ましい流れといえる。

会社側としては、他業界のビジネス経験をもつ社外取締役を迎え入れることで、社内や自業界内だけからは見えてこない視点からのモニタリングやアドバイスが期待できる。また、本人にとっては、これまでの経験とは異なるガバナンス経験を積むことで、所属組織の今後の経営力向上に貢献できる経験を積むことができる。まさに、社外取締役という副業を通じた現役役員の人材育成として機能する。

②これまでとは異なる人材プールから社外取締役を選任する

大企業経営経験者ではない人材プールから社外取締役を登用するというのも供給側の打ち手になりうる。例えば、グローバル企業において経営経験をもつ人材、ベンチャー企業の経営者、投資ファンドで事業再生に実績のある人材などを取締役に迎えることも、経営の質を高めることにはなりうるだろう。

このように候補者の対象範囲を広げることで、結果として、社外取締役に対する競争原理も働き、長期的な社外取締役の質の向上にもつながる可能性がある。

③社外取締役に対するトレーニングやネットワークを充実させる

社外取締役の経験は、業務をしてみないと実際にはわからないという側面があるのは事実である。一方で、日本における社外取締役及びその候補者に対しては、トレーニングの機会を提供することも質の向上には大事な取り組みである。

CG原則は、取締役・監査役に対して「上場会社の重要な統治機関の一翼を担う者として期待される役割・責務を適切に果たすため、その役割・責務に係る理解を深めるとともに、必要な知識の習得や適切な更新等の研鑽に努めるべき」とし、さらに、上場会社に対して「個々の取締役・監査役に適合したトレーニングの機会の提供・斡旋やその費用の支援を行うべき」としている。

また、補充原則において、取締役・監査役に対するトレーニング方針の開示を求めている。前出の経済産業省「社外取締役の現状について（アンケート調査の結果概要）」によると、以下のような分析が示されている。

- 会社側から、コーポレートガバナンスに関する研修の機会を提供された社外取締役は33％。研修を紹介された社外取締役を含めると47％。つまり、過半数の社外取締役は、会社側から、コーポレートガバナンスに関するトレーニングの機会を提供されていない。
- 自主的にコーポレートガバナンスに関する研修を受講した社外取締役も27％存在する。
- CGコード原則4－14は、トレーニングの機会の提供・斡旋のほか、その費用の支援も行うべきとしているところ、会社が紹介した研修については9割のケースで会社が費用負担しているが、社外取締役が自主的にコーポレートガバナンスに関する研修を受講した場合については、7割のケースで社外取締役自身が費用を負担している。

さらに、社外取締役の将来の候補者のネットワークをつくる場を提供することも、将来の社外取締役の質の向上には、重要な取り組みとなりうる。

一般的に、大企業においては、ポジションが上がれば上がるほど、他社の同ポジションとのネットワーキングが少なくなる傾向がある。候補者間で、さまざまな情報交換を行うことは、あらゆる企業にとってプラスの効果が出ると考えられる。

社外取締役の招聘に関する流れ

コーン・フェリーは、エグゼクティブ・サーチ会社として、グローバル企業における取締役の採用を支援しており、米国企業における次の5つのトレンドを特定している（図表3－5）。

こうしたトレンドを踏まえたうえで、企業として社外取締役に何が期待されているのかを明確にすることは、取締役の招聘にあたっての前提となっている。

①取締役のサクセッションへのニーズの増加

図表3-5　米国における取締役の選任トレンド

取締役のサクセッションへのニーズの加速	上場企業の取締役の21%は70歳以上で強制的な退職が近づいており、取締役のサクセッションの必要性が高まっている
業界経験の需要の変化	2017年に任命されたS&P500の取締役のうち、業種別では、テクノロジー／通信（19%）、プライベート・エクイティ／投資運用（12%）、消費財（11%）、金融サービス（11%）が上位を占める。市場が変化しているなか、金融サービス、情報技術、消費財の経験者はより若い取締役になる傾向がある
多様でテクニカルな専門性を求める	20～40歳代の取締役に求められるスキル 財務（63%）、法務・ガバナンス（44%）、コーポレートリーダーシップ（40%）、戦略（35%）、CXO経験（33%） 71歳以上の取締役に求められるスキル 財務（76%）、法務・ガバナンス（58%）、CXO経験（41%）、リスクマネジメント（40%）、取締役経験（36%）
取締役会の多様性が優先課題に	2017年に任命されたS&P500の取締役のうち、女性またはマイノリティの取締役は50%で、ここ数年着実に増加している
CXOへの需要の高まり	取締役の2/3はCEO/CFO経験者であり、現任のCEOは社外取締役への就任を減らしはじめている。新任取締役はCEOの1～2階層下の人材が就任するケースが増え、新任取締役の30%以上の人材がはじめて取締役に就任している

②業界経験の需要の変化
③多様でテクニカルな専門性を求める
④取締役会の多様性が優先課題に
⑤CXOへの需要の高まり

次にコーン・フェリーが外部から社外取締役を招聘する際に実施するステップを紹介する。取締役会の「目指す姿」と取締役の要件定義を行ったうえで、候補者のパイプライン（候補人材をタイムリーに供給すること）を体系的なプロセスで形成することが基本となるが、具体的には以下の4つのステップで進めることとなる（図表3－6）。

①取締役会の「目指す姿」と取締役の人材要件の定義
②候補者パイプラインの体系的形成
③候補者との面談
④オファー

社外取締役をどの候補者にするかを決定する際には以下の4点が最終的な決め手とな

イプラインを体系的なプロセスで形成する

候補者との面談

1. 議長・CEOと候補者との面談（会食等も）
   - 特定のテーマについての意見交換を通じたフィット等の確認
   - 就任タイミングについての確認
2. 上記を受けたパイプライン情報の更新
3. （継続的に）パイプラインを拡充する取り組みの実施
   - 新たな候補者へのコンタクト等

オファー

1. 次（々）年度の取締役会の構成と現職の継続意向等の確認
2. サクセッション候補者の近況確認と就任意向の変化の確認
3. オファー内容等の検討と決定
4. オファーの実施

図表3-6　社外取締役サーチのプロセス

取締役会の「目指す姿」と取締役の要件定義を行ったうえで、候補者のパ

取締役会の「目指す姿」と取締役の要件の定義

1. 取締役＋事務局へのインタビュー
   - 取締役会の「目指す姿」
   - 取締役の人材要件（スキル・マトリックスを含む）
   - 現取締役の能力や取締役会への貢献についての観察・意見
2. 「目指す姿」と取締役の要件案の作成
3. 取締役会での討議と決定

候補者パイプラインの体系的形成

1. 要件に基づく候補者の探索
2. 独立性等の基準確認によるロングリストの作成
3. コーン・フェリーによる候補者へのインタビュー等による候補者のスクリーニング
   - 経験・コンピテンシー・性格特性・動機等の確認
   - 現職にかかる時間や就任可能時期の確認
4. サクセッションのタイミングを想定した候補者パイプライン案の作成
5. 議長・CEO＋事務局との討議・決定

る場合が多い。この4点について企業側が候補者の資質を十分に納得できない場合には、社外取締役としては紹介できないケースが多い。

◎能力・経験

- 新任社外取締役に求める要件（スキル・経験等）が明確に定義されているか
- 候補者のスキルや経験は企業の戦略に整合し、現任の取締役のそれを補完するか

◎評判と実績

- 候補者は知識・知見を結果に結びつけ、取締役会に良い影響をもたらしたことがあるか
- 信頼によって取締役会を導いたという評判があるか

◎リーダーシップスタイルとカルチャーフィット

- 個人のリーダーシップスタイルや性格特性は現任の取締役と合い、取締役会のカルチャーにフィットするか

◎就任の可能性と動機

- 役割を引き受ける時間の余裕があり、候補者の他の業務とコンフリクトがないか
- 時間をコミットする覚悟があるか
- 取締役会と候補者の期待値・役割認識が一致しているか

2021年のCGコード改訂の流れのなかで、形式要件を満たすための社外取締役の招聘ニーズは大幅に増加しているのが実態である。よくある問い合わせの例が、「女性か外国人で協調性のある方を紹介してほしい」という依頼である。まさに形式を満たすことが目的となっていることが透けて見えるが、そのような問い合わせに対して、「取締役会の目指す姿と人材要件は何かをまずは一緒に議論しませんか」と申し上げることが、形式から実質への流れをつくるためのささやかな第一歩であると認識している。企業を動かすのは、人であり、どのような人材を社外取締役として迎え入れるかが、ガバナンスの質の向上に最も大きく影響すると考えているからである。

また、紹介した候補者が採用された後も、実際に当該企業でどのぐらい活躍できているのか、支援すべき課題がないかをフォローアップすることも、エグゼクティブ・サー

チ会社の使命であると考える。

さらに、現役の役員や部長からも、将来の社外取締役としてのキャリアを形成したいという打診も大幅に増加している。

第2部
経営戦略としての執行役員改革

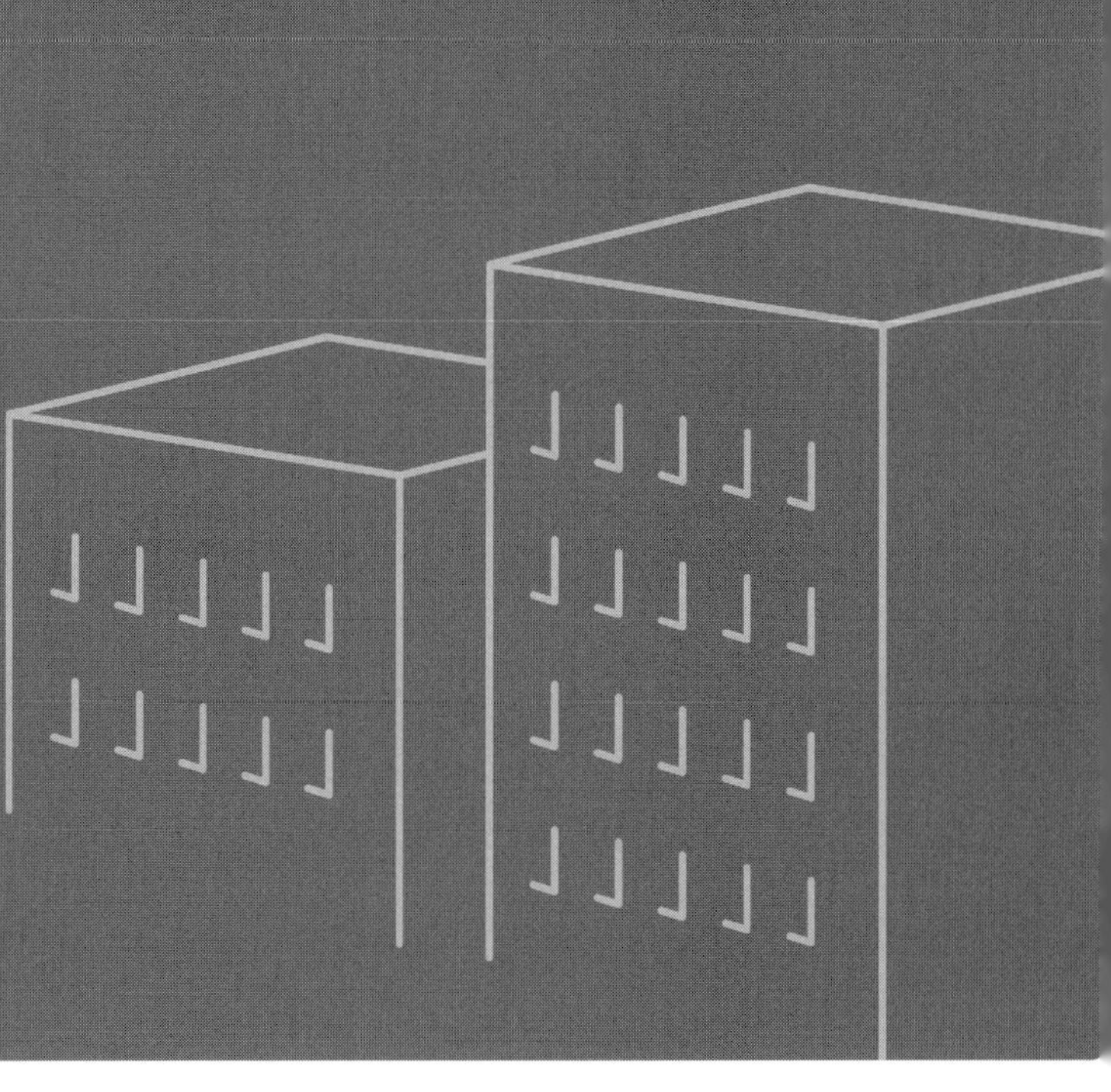

第 4 章

執行役員が迎えている岐路

1 そもそも、執行役員制度には何が期待されていたのか

もう1つの「役員」

役員という場合、企業に所属する方であれば、日々の接点の多さからして、社外を含めた取締役よりも社内の執行役員をイメージすることのほうが多いのではないだろうか。

多くの企業は、そのホームページ上に役員一覧を掲載しており、取締役と執行役員が開示されている。そのなかで、社長を筆頭に一部の執行役員が社内取締役を兼務しているのが一般的である。公益社団法人日本監査役協会の調査によると、実際に、執行役員制度は2021年5月時点で、上場企業の70％超で導入されている。

では、執行役員とはいったい何なのか。筆者自身、さまざまなプロジェクトを通して、日常的に執行役員の方々に接している身でありながら、この問いに答えるのは意外に難しい。その要因として、取締役や取締役会とは異なり、執行役員は会社法における規程がないことがあげられる。一般的には、業務執行の責任者として位置づけられているこ

とが多いが、設定自体はそれぞれの企業の判断に委ねられている。したがって、その定義や範囲は各社各様であるのが実情だ。実態として執行役員を明確に定義している企業は少なく、社内規程のなかでも「執行役員は、管掌、担当、各組織の長として業務執行の責任を負うとともに、経営的視点から社長を補佐する」などの記述にとどまっているケースも多い。権限についても通常は本部や部、カンパニーや事業部といった組織階層で設定されており、そこに執行役員という名称は出てこない。

運用における柔軟性をはかるために、社内規程などの文書上で、あえて明示しないという考えはありうる。したがって、規程上に記載がなくとも、社内外にしっかりとした説明ができるということであれば支障はない。しかし、実際にクライアント企業に訊いてみても、基準や線引きが明確になっていないことは珍しくない。

いくつかの企業で見られるケースとして、事業部長や部長があるタイミングで執行役員に昇格したものの、その前後で役割に大きな変化がないことがある。また、管掌する範囲は同じまま、常務執行役員から専務執行役員に昇格する場合もある。さらに、同じ役割を負うポストでも、そこに誰が入るかによって、時には執行役員のケースもあれば、執行役員とならないケースもある。何かしらの特筆すべき実績を残した、とくに秀でた能力を有するなどの結果であると推察されるため、それ自体が否定されるものではない。

一方で、大多数の企業で執行役員に昇格することで処遇制度が変わり、それにともなって報酬水準も引き上がることも事実である。役割に変化が見られないなかで、執行役員か否かを分かつ事例を見かけるたびに、改めて執行役員とは何かという疑問を思い起こさせる。

これらはあくまで現時点で起こっている事象を、1つの断面から見たものであるが、そもそも執行役員制度が生まれた経緯や背景を振り返ることから考察をはじめたい。

執行役員制度が生まれた背景

日本で執行役員制度を最初に導入した企業はソニーといわれており、1997年に遡る。当時のプレスリリースには、「グループの事業の多角化とグローバル化を視野に入れ、グループとしての経営方針を決定し業務執行を監督する機能を強化するとともに、意思決定・監督と業務執行の分担を明確化し業務執行の体制を強化する」と記されている。取締役会の改革を目的に掲げ、監督と執行を分離する米国型に倣った制度として、日本のコーポレートガバナンスを考えるきっかけとなった。

図表4-1　ソニーの執行役員制度導入の発表資料

ソニー株式会社は、21世紀に向けて真のグローバル企業を目指して、取締役会の大幅な改革を実行し、併せて「執行役員制」を新たに導入することを決定いたしました。

〈本機構改革の概要〉

ソニー株式会社は、下記のごとく取締役会の改革を行うとともに、新たに執行役員制を導入いたします。

1．取締役会の改革

(1) ソニー株式会社の取締役会を、商法上要請される任務に加え、ソニー株式会社を中心としたソニーグループの経営の基本方針を決定するとともに業務執行の監督を行う機関として位置づけます。
(2) 取締役候補者は上記取締役会の位置づけに照らして、社内外からグループ経営の適任者が選ばれ、株主総会の取締役選任の決議に付されるものとします。
(3) 業務執行の監督機能を強化するため、社外取締役を増員します。国籍を問わず適任と思われる方に就任をお願いし、将来的には5～6名とする予定です。また、監査役による監督機能の一層の強化を図ります。
(4) 取締役会において、より活発かつ充分な議論がなされ、的確な意思決定ができるよう、構成員数の最適化を図ります。
(5) 下記の執行役員制と併せて、経営における意思決定および監督機能と、執行機能の分離を進めます。

2．執行役員制の導入

(1) 取締役会が決定する基本方針に従い、その監督のもとで、業務を執行する代表取締役以下の業務執行機能を強化するために、執行役員制を導入します。
(2) 本社業務の執行責任者、カンパニーなど事業ユニットの執行責任者、研究業務など専門領域の執行責任者で、充分な業務執行能力と実績を有する者を、年齢や国籍に関係なく執行役員として取締役会が選任・任命します。代表取締役は、業務執行の最高責任者として、執行役員となるものとします。
(3) 執行役員は、代表取締役から権限委譲を受けて、業務執行を担当します。
(4) 執行役員は業務執行能力および実績に応じ、専務、上席常務、常務に任命されます。
(5) 執行役員を中心に新たに執行役員会を組織します。執行役員会は、情報共有の場であるとともに、執行責任者の立場から、取締役会およびエグゼクティブボードを補佐することを主たる任務とします。
(6) 執行役員について、その職務内容、能力および実績に応じた、新たな処遇体系を設けます。

出所：ソニープレスリリース「グループ経営のための 新経営体制の構築」(1997年5月22日) から一部引用

日本経済新聞でも、「商法上の取締役を、社外三人を含む十人と現在の約四分の一に削減。この十人が経営戦略決定と事業部門の監視に全責任を持つ体制に切り替える。事業部門の責任者は取締役をはずれ、執行役員という肩書に変わる。ソニーの新制度は日本の大企業で『戦略立案』と『事業執行』を役割分担し、取締役会にはっきりした経営チェック機能を持たせる初の試みとなる。」（1997年5月23日付）と一面で取り上げられ、話題となった。

当時の日本企業では、取締役会が監督と執行の両方の機能を担っており、ソニーに限らず、取締役の人数が数十人を超える企業も珍しくなく、取締役の人数は膨らんでいた。1990年代半ば以降、日本企業の企業統治が機能していないと、米国を中心に外部からも指摘されていた。

また、人数が増えると、取締役会を頻繁に開催することも難しくなり、数ある議題をしっかりと吟味したうえで決議することができなくなるのは想像に難くない。監督機能の形骸化や、取締役会の意思決定の質やスピードの低下の問題に対処するための、具体的な方策として登場したのが執行役員制度である。

当時のソニー社長の日経産業新聞におけるインタビューでも、「日本の役員数は多過ぎる。実質的な意思決定者とそれを実行する人たちがミックスされ、会社をチェックする機能も一緒だ。かねてから執行部分を分離し、議論・決定に専念する形を作りたいと思っていた」（１９９７年5月23日付）とその狙いが語られていた。

ソニーの取り組みは、メディアで改革のお手本として取り上げられることになった。加えて、現在の日本コーポレート・ガバナンス・ネットワークの前進である日本コーポレート・ガバナンス・フォーラムの１９９８年当時の報告のなかでも先進事例として取り上げられるなど、日本企業への追い風を生んだ。

その結果、図表４－２に見られるように執行役員制度は日本企業に普及し、現在では先述したように上場企業の70％を超えるまでに至っている。

執行役員制度の導入目的に関する過去の調査結果からも、「監督と執行の分離」や「意思決定の迅速化」に関する項目が上位に並んでいる（図表４－３）。

個別企業で見ても、各社の有価証券報告書上で、「当社は、経営の健全性、透明性、効率性を確保する基盤として、コーポレート・ガバナンスの継続的強化を経営上の重要課題としており、監査役制度を基礎として、独立性ある社外役員の選任等による監督機

図表4-2　執行役員制度を導入した企業の割合推移

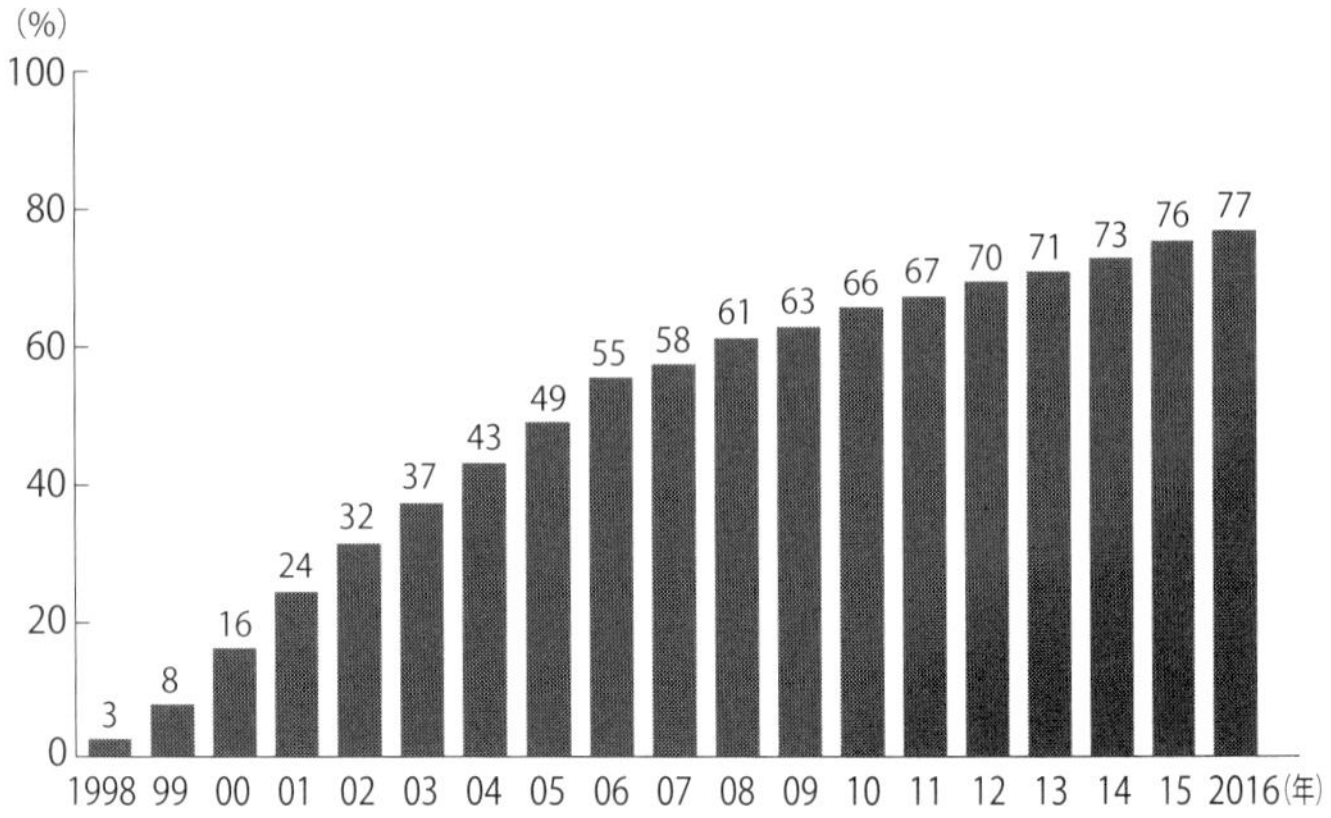

出所：商事法務研究会の調査資料（各年6月までの1年間に定時株主総会を開催した企業へのアンケートによる）

図表4-3　執行役員制度導入の理由

回答者486社

	社数	比率(%)
経営監督と業務執行の分離ができる	353	72.6
迅速な意思決定ができる	289	59.5
取締役の責任が明確になる	114	23.5
取締役数を削減することができる	94	19.3
透明度の高い経営であることをアピールできる	39	8.0
訴訟リスクを回避できる（執行役員は株主代表訴訟の対象とならないため）	9	1.9
その他	6	1.2

出所：財務省財務総合政策研究所「進展するコーポレート・ガバナンス改革と日本企業の再生」（2003年6月）

能の強化や、執行役員制度の導入による経営と執行の分離の推進など、より実効性の高いコーポレート・ガバナンス体制の構築に努めてまいります。」（三菱商事）や、「迅速な意思決定と適切なモニタリングを両立させるため、執行役員制度及び社外取締役を導入し、グループ全体の経営重要事項の決定及び監督を担う「取締役（会）」と執行責任を負う「執行役員」との役割分担明確化及びその機能強化を図っております。」（三井住友銀行）、「執行役員制度により、意思決定・監督機能（取締役）と業務執行機能（執行役員）を分離、経営責任の明確化及び意思決定と業務執行のスピードアップを図っております。」（カゴメ）といった開示となっている。

したがって、開示の面でも、「監督と執行の分離」や「意思決定の迅速化」を謳うことが一般的であった。

こうして見てみると、執行役員制度の導入はソニーに限らず、意思決定の迅速化を中心に取締役会の高度化を狙っていたことが窺え、その思想は今日のCGコードの改訂にもつながる大きな転換点の1つとなっていたといえる。

一方、日本の執行役員制度は米国の制度に倣ったものといわれているが、その存在が会社法で定められているか否かという点では大きく異なる。

米国の会社法でも、取締役会が大きな決定権限をもっているが、実際にはオフィサー（執行役員）が、取締役会の代理人として大幅な権限委譲を受けて業務執行を担う。オフィサーが業務を執行し、取締役会はそれを監督するという役割分担である。

日本においても、執行役員の法制化へ向けた検討の動きがあるものの、いまのところ会社法で規定するには至っていない。それゆえ、執行役員制度は企業が任意に設置するものとして、その制度は各企業が独自に構築しているものとなっている。

執行役員制度が普及した理由

では、「監督と執行の分離」や「意思決定の迅速化」を目指した執行役員制度はその目的を十分に果たしたといえるのか。これだけ普及が進んだ制度であるため、力強くイエスと言いたいところであるが、実は普及した背景に照らすと、必ずしもそうとは言い切れないようである。

そもそも、執行役員制度が日本企業において急速に普及した理由として2つの要因が考えられる。

1つは、前述のとおり、執行役員が会社法上での定めのない役職であり、企業にとっては重要な機能であるにもかかわらず、法の規制を受けずに設計・運用ができる点が要因としてあげられる。会社の代表として株主から訴えられることもなく、執行役員となる個人にとっても取締役のような訴訟リスクを負わなくてもよい。したがって、企業にとっても受け入れやすい制度だといえる。

もう1つの理由としては、昇進における処遇という役割も果たしている点があげられる。それまでは、取締役が昇進の究極的なゴールとして従業員に対する動機づけの役割を果たしていた。一方、執行役員制度の導入目的に照らすと、取締役の数を減らす必要が生まれる。しかし、そのまま減らしてしまうと、昇進という形での動機づけを失うことになる。そこで、取締役に次ぐポジションとなる執行役員が、その役割を引き継ぐ形になったため、企業側にとっても魅力的な選択肢として映った側面が否めない。

制度を導入した多くの企業では、それまでの取締役のうち、代表取締役といった〝上級〟取締役を残し、いわゆる〝ヒラ〟取締役を執行役員へ移行させた。そうすることで、社内序列の入れ替えや処遇を大きく動かすことなく、あまり波風を立てずに転換が進んだ。結果として、少なくとも外形的には取締役の人数は減少し、とくに社内取締役は大きく減少することにつながった。

図表4-4　日本企業の時価総額上位100社の執行役員数

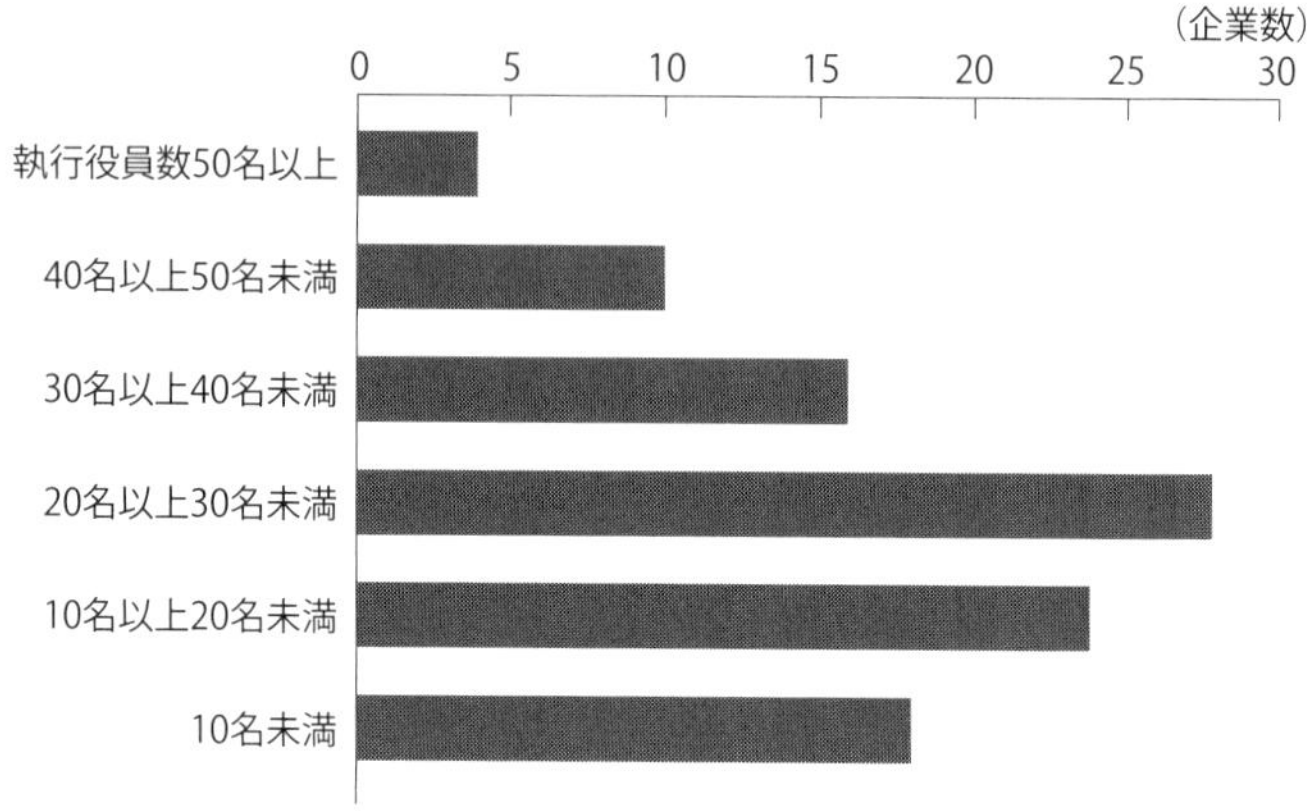

資料：各社ホームページよりコーン・フェリー作成（2021年4月時点の時価総額上位100社）

そこで起こったことは、取締役が減少した分が執行役員につけ替わったというのが実態に近いのではないだろうか。実際に、大手総合商社や自動車メーカーにおいて、執行役員制度導入前の１９９９年頃の取締役や監査役からなる役員数は40名を超えていたが、制度導入後の２０１０年頃には20名前後と半減している。

一方で、ここに執行役員まで含めるとその数は50を超えるところも見られ、トータルでとらえると純増している企業が多く、経営のスリム化がなされてきたとは言いがたい。直近（２０２１年４月時点）での日本企業の時価総額上位１００社を見ても、執行役員数は20～30名で分布している企業が多いが、30～40名を超える企業も一定数存在することから、その傾向は大きくは変わっていない様子が見て取れる（図表4－4）。

執行役員制度の実情と受け止め

これまで見てきたように執行役員制度は、その生い立ち時に置かれた状況からも、各企業が導入時に開示していた目的どおりにはなっていないことが容易に想像できる。

一方、導入企業からは、執行役員制度によって目的が達成され、それなりの効果を生み出しているという肯定的な受け止めが見られる。２００９年に日経ビジネス（12月7日号）が東証の上場企業に実施したアンケート調査の結果からは、「効果が出ている」が47・2％、「やや効果が出ている」が23・1％となっており、70％超える企業で効果が出ていると回答しており、逆に「効果が出ていない」が0・3％、「あまり効果が出ていない」が3・0％と否定的な回答はかなり限定的となっている。

同誌では、同時期に一般ビジネスパーソンを対象とした調査も実施しており、執行役員制度の導入前後で現場にどのような効果をもたらしたのかも訊いている。例えば、「意思決定のスピードは速くなったか」という問いに対し、「速くなった」との回答は合計で5・7％に対し、「変わらない」が72・6％となっている。また、「経営監督と執行の分離」についても、44・1％が「変わらない」とし、「まったく分離できていない」「少し不明瞭な部分がある」との回答が合計で46・1％を占める。さらに、執行役員ら「現場」にどれだけ権限が委譲されたかに関しても、過半数が「変わらない」と答えており、「まったく委譲されていない」「あまり委譲されていない」も合計で3割を超えていた。当然ながら、経営と社員では立場も見えている情報も同じではない。したがって、結果をそのまま鵜呑みにはできないものの、現場の声としてその効果を実感できていないという側面が浮かび上がる。

実際、このような感覚はコンサルティングの現場でも日々感じることができる。とくに、日本の大企業を支援していると、施策を立案してから経営に承認を得るまでに長いプロセスを経ることが珍しくない。経営に諮るまでに、上申していくための幾層もの公式・非公式なレイヤーがあり、その関門を一つひとつ突破していかなければならない。

我々が携わっている施策が全社に影響を与えるテーマが多いことにも起因しているが、一層で済まない執行役員構造や経営会議とは別に独自に設定されている各種の社内の諮問・検討委員会、それぞれの会議体に諮る前に各参加者への事前の個別の根回しなど、配慮が必要なことが山ほど存在している。加えて、承認プロセスの途中で関与する参加者ごとに関心の在りどころや気にするポイントが往々にして異なる。この役員だと○○について、あの役員だと△△について確認が求められる可能性があることから、そこへ向けた周到な準備が必要になる。

こうして、最終承認にたどり着くまでに、〝鉄壁の鎧〟をつくり上げていくことになる。結果として、いろいろなパーツをつぎはぎしていくなかで、肝心の中身が置いていかれてしまうことも少なくない。

多面的な視点から検証されることで、検討内容が磨きあげられるという声を耳にすることもあるが、必ずしも本質的な議論につながっているとは限らない。本来であれば重い責任を担う執行役員にもかかわらず、批判者的な立場から、あら探しに終始しているようにしか見えない場合もある。

組織における意思決定を勝ち取るまでの〝山〟を登る際に、万難を排することに必要となる工数は甚大である。その労力をいとわず、日々邁進している各企業の社員の方々には頭が下がる思いである。

一方で、客観的な見方をすると、これらのプロセスをたどることは、あくまで現状を是としたうえでのアプローチでしかない。過去には、そのプロセスが何かしらの意義をもっていたかもしれない。しかし、企業のこれからを考えたときに、本当に踏襲すべきものかは、改めて見つめ直す余地は十分にある。

とはいえ、取締役会を除けば、経営体制のほぼ最上位に位置する執行体制にメスを入れていこうとすると、当然ながらボトムアップでの取り組みとはならない。そこでは、経営トップの危機感や強い意志なくして改革するのは困難であろう。

2 なぜ、執行役員の廃止や削減をする企業が続出しているのか

執行役員という仕組みが抱える課題

ここまでの考察のなかで、すでに断片的に触れてきた内容もあるが、改めて日本の執行役員という仕組みが抱える課題を整理したい。執行役員制度にかかわらず、どのような制度にも共通していえることだが、運用次第でその狙いを実現することも骨抜きにす

ることもできる。

少し余談となるが、昨今、日本企業においてジョブ（職務）型人事制度の導入が急増している。その導入目的の1つとして、旧来の職能的な制度のなかで根づいていた年功序列を打破したいという理由を掲げることも多い。確かに、ジョブ型人事制度は職務がまず先にあり、そのうえで当該職務に適した人材を配していくことを基本思想としている。そのため、年功序列を打破するにはうってつけの制度に見える。しかし、仮に職務を先に据えたとしても、そこに配する人材を年功的に決めてしまえば、結果的に年功序列が温存されることになる。

また、一見、職務を起点としているように見えても、実は先に人材ありきとなっており、人材に合わせて職務を設計しているような事例も散見される。

逆に、職能的な制度であっても、能力の見極めを年齢という軸に縛られずに判断できれば、年功的な運用に陥らずに展開していくことは可能である。あくまで一例ではあるものの、どんなに制度上で美しい目的を謳っていても、運用が伴わなければ絵に描いた餅で終わってしまうことを示す象徴的な事例といえよう。

話を戻すと、執行役員制度においても同様で、そこで実現したい狙いをしっかり定め、運用まで含めて整合的に展開していくことが重要である。したがって、ここでは制度の是非を問うことが目的ではなく、執行機能を高度化させていくという、より高次の視点に立つことが欠かせない。

現状の執行役員という仕組みとして、大きく3つの課題があると考えられる。一つひとつ見ていこう（図表4－5）。

①曖昧な執行役員の責任・権限
②肥大化した執行役員ポスト
③屋上屋を架す執行役員の重層構造

課題①　曖昧な執行役員の責任・権限

前述のとおり、会社法上で規定されない執行役員の責任や権限については、各企業が独自に設定することになる。取締役会の法定重要決議事項について執行役員に意思決定の権限を委譲することはできないものの、重要事項に対し会社法上で、取締役会が決定すべき具体的な金額や事例を提示しているわけではない。

したがって、社内的な付与のあり方次第で執行役員に、より大きな権限を与えること

図表4-5　執行役員という仕組みが抱える課題

曖昧な執行役員の責任・権限	・執行役員は、会社法上で規定された存在ではないため、その責任や権限については、各企業が独自に設定 ・しかし、執行役員の役割が明確になっておらず、その責任や権限が曖昧になっているケースが少なくない ・曖昧がゆえに、執行役員への“お伺い”が増え、迅速な意思決定を妨げる要因に
肥大化した執行役員ポスト	・執行役員制度の導入時に、肥大化していた取締役の人数を減らす代わりに、横すべりで執行役員に移行させた企業が多く存在 ・そこに、功労者への処遇として、新たに執行役員に任じられるポストが生み出されることで、執行役員数が増加 ・さらに、執行役員の成果に応じて、解任や再任を見極める仕組みや風土が欠けており、正常な代謝が進まない状態
屋上屋を架す執行役員の重層構造	・取締役から執行役員への横すべりにより、社長から連なる専務や常務といったピラミッド構造が温存 ・重層構造となることで、各ポストの管理スパンが矮小化 ・同じ事業や機能を担当する執行役員が複数いる状態が生まれ、意思決定のプロセスが増えることに加え、責任の違いがより曖昧に

は可能と考えられる。金額面での基準は、社内の権限規程や決裁基準が設定されていることが一般的であることからも、おおよその目安は決められており、多くの企業はその基準に沿って運営されている。

ただし、その基準のなかに執行役員が登場せず、取締役会、社長もしくはCEOより下位では、カンパニーや本部、事業部、部といった組織単位で構成されていることも多い。また、仮に執行役員としての決裁基準が存在し、かつ金額がその範囲内であったとしても、M&Aや新規事業への投資といった取り組みが重要な業務執行となれば、執行役員が自ら意思決定をすることはなく、念のため取締役会に諮っておこうという行動につながる。基準が曖昧であればあるほど、こうした行動は助長され、結果的にほとんどの意思決定が社長や取締役会で行われることになる。

わかりやすさの観点から基準の話に焦点を当てたものの、その本質は執行役員の役割自体が不明瞭なことであろう。役割が不明瞭であるからこそ、その責任も曖昧となり、権限もはっきりしないという構造に陥っている。

そもそも、組織図上における執行役員の位置づけも明確になっていないケースが多い。

良し悪しは別にして、組織上で一定の階層以上は執行役員となっている場合は少なくとも判別はしやすい。しかしながら、同じ本部長や事業部長の階層でも執行役員がついていることもあれば、部長や理事といった従業員側のいわゆる管理職が担っていることもある。その理由を聞いてみると、「会社として何となく大事だと思われている」「過去からの慣習」といった回答や、「執行役員だった方がたまたま異動してきた」というような、理由とは言いがたい回答が返ってくることも珍しくない。

業務執行自体は組織構造に従っているのが一般的であるため、執行役員であるか否かにかかわらず、同じ本部長であれば役割に違いは見られない。実際にこれまでの経験から、執行役員級の各ポストの職責の大きさをコーン・フェリーの職務評価の手法（ヘイガイドチャート法）を用いて測ってみると、戦略上の重要度や職務の難易度などの観点から、執行役員がついているポストと従業員等級の人がついているポストが並ぶこともあり、場合によっては逆転することも少なくない。また、ある企業では昨日までは執行役員でない支店長が、本日付けで執行役員に就任したものの、引き続き同じ支店の支店長のままとなっていた。役割に差があるのかと思い聞いてみると、とくに職務内容に差分はないという話であった。

一方、執行役員の下位に位置づけられる組織からすると、いかにその責任や権限が曖昧であったとしても、組織のなかに厳然と存在しているため、無視することは難しい。執行役員が組織図上の本部長や事業部長といったポストに直接的に紐づいている形であれば、そのレポートライン（指揮命令系統）に従うことになるので、そこまで問題にならない可能性はある。

しかし、組織図には直接あらわれず、管掌や担当といった呼称で緩やかに組織を束ねているケースも存在する。そこでも、責任や権限が曖昧となっていることが多いが、それらのポストには往々にしてより上級の執行役員が鎮座しており、その存在は重く受け止められる。そのため、そこで意思決定はできなくとも、その上の社長や取締役会の意思決定につなげるための、お伺いを立てることがプロセスを円滑に進めるための手段として不可避となっているのが実態である。かくして、意思決定への長い道のりが生み出される要因の1つとなっている。

課題② 肥大化した執行役員ポスト

執行役員制度の生い立ちで触れたとおり、各社の制度導入に際して、取締役の人数は減らしたものの、そのまま横すべりで執行役員へと移行させた企業が散見された。結果として、取締役に執行役員を加えたその総数としては大きな変化がないケースが多かったのが実態であった。

すなわち、当時の取締役会が抱えていた取締役数の膨張という課題を、そのまま執行役員が引き継いだことになる。取締役会の意思決定の質とスピードを向上させるという、せっかくの名目が、執行役員という受け皿によって本質的な部分が温存されたことにより、経営全体の効率化が図れたとは言いがたい。

加えて、執行役員についての会社法上での定めがないことから、契約形態の選択も企業に委ねられている。取締役と同様に、委任型として有期での契約をすることも可能な一方、従業員と同じ雇用型での契約にすることもできる。近年では、委任型での契約形態も増えているものの、当初は経営としても本人としても受け入れやすい雇用型を採用する企業が多かった。雇用型が選択されると、従業員層でもよく見られるように、メリハリの効いた報酬体系や成果に応じた解任や降格という運用にはなりにくい。そのため、いったん執行役員となると、成果を出さなくともそのまま定年まで執行役員として居座ることになる。

この問題が、委任型になれば解消されるかというと必ずしもそうとは限らない。本来であれば、従業員として会社の決定に従いながら業務を行う雇用型よりも、委任型は執行役員個人に、より結果責任を問いやすくなる。ゆえに、委任型にすることで、成果に応じてメリハリのついた処遇が可能になり、期待された成果をあげられないときには、契約の終了というような厳しい責任を求めることも可能になる、というのが基本的な考え方である。

しかしながら、委任型を採用している企業であっても、選任や解任の基準が明確に定められていないことも多い。もちろん、不正や不当な行為があった場合などの解任は明示しているものと想定されるが、あくまでコンプライアンス的な観点から、最低限必要な内容でしかない。

ここで重要なのは、執行役員の成果に応じて、結果を出せば報われ、そうでなければ解任や再任の是非を見極める姿勢である。それが執行役員の、成果への強いコミットメントを引き出すことにつながる。

我々が関わっている事例のなかでも、解任基準どころか、そもそも役員の業績評価をきちんと実施していないケースも時折見受けられる。こういったケースは、社長が新たに就任した際などに、評価がおろそかになっている現状に対して、社長自身が強い課題感をもったことをきっかけに明らかになることも珍しくない。そう考えると、いまでも課題が顕在化せずに、執行役員が安穏としている企業もまだまだ存在していることが容易に想像できる。

従業員に対しては、メリハリのある評価を実施するように促しているにもかかわらず、より成果への責任が重くなる執行役員の評価がお手盛りになってしまっては、さすがに示しがつかないのではなかろうか。かくして、契約形態のいかんにかかわらず、退任する執行役員がいない状態が保たれることになる。

さらに、そこに追い打ちをかけるように、功労者への処遇として新たに執行役員に任じられることで、その数は増加していく。事業が成長していれば話は別だが、そういった状況でもないとすると、本部長や事業部長といった責任者ポストが不足する。結果として、本部長補佐や副事業部長などの新たなポストが無理やり生み出されることになる。

実際、大手企業のなかで副本部長と本部長補佐が同居している事例に出会ったことがあるが、まずその違いを理解するのに苦労した。実情を聞いてみると、本部長に限りなく近い役割をもつ副本部長や本部長補佐もいれば、その下の階層に位置する部長に近しい役割の場合もあり、非常にわかりづらい設計になっていた。いろいろと説明を尽くしてもらったものの、結局のところ、本社の部長経験者が海外やグループ会社の経営ポストへ出向した後に、本社へ戻る際の処遇ポストとして運用されていたという印象が拭えない。

他にも、執行役員が処遇のための手段として活用されている実例として、名誉職的な執行役員ポストを設置しているケースがあげられる。

とあるメーカーでは、国内の営業組織が製品カテゴリー別に形成されていたが、営業本部の下に、東日本支社や西日本支社といった中間組織が設けられ、それぞれに支社長が置かれていた。そして支社長は執行役員が任命されていた。執行役員が置かれているからには、それなりの理由や役割があるのだろうと当初は思っていたが、実際には地域単位での組織に戦略上の意味合いはなく、長屋の主よろしく、何となく取りまとめている以外の役割は実はあまりないという話であった。当該メーカーは、複数の企業が統合して新しくひとつの会社になったこともあり、統合前に各社で執行役員だった面々をどう処遇するかで悩んだ末の苦肉の策だったようだ。この企業では企業統合という固有な事情があったが、金融機関などでは特定の支店や支社が執行役員ポストになっているケースがよく見られる。

かつては、重要な市場や顧客を担当する支店や支社は、キャリアのエリートコースとして認識され、そこに赴任することは栄転とされていた。しかし、時代が変われば戦略も変化する。伝統を重んじて執行役員という聖域として扱い続けるべきか、再考が求められる象徴的な例のひとつである。

過去のいくつかの調査でも、執行役員制度の導入以降、取締役数は減少したものの、その多くが執行役員につけ替わり、その後、執行役員数も漸増していることが報告されている。執行役員の増加が事業の成長に寄与しているのであればよいが、残念ながらそれを実現できているといえる自信をもっていえる企業は少ないのではないか。

課題③　屋上屋を架す執行役員の重層構造

取締役から執行役員のへの横すべりは、単純に数を肥大化させるだけではなかった。取締役の構成を見ると、代表取締役としての会長もしくは社長を頂点に、会長―社長―専務―常務―ヒラ取締役というピラミッド型の構造が多い。そして、それが執行役員制度の導入において、専務、常務、ヒラの執行役員といった形で序列が引き継がれることになった。企業によっては、副社長ポストが複数置かれていたり、専務や常務に上級という冠がついたりと、さらに細分化されていることもある。ここに、上述のように、新たに執行役員のポストが追加されていくことで、執行体制がますます重層化していくことになる。

ある企業では、コーポレート部門の特定の機能を担当する執行役員がいたが、その下に担当役員補佐という名の執行役員がさらに置かれていた。担当役員補佐の下は通常の部組織になっていたが、その部長でさえも執行役員となっている場合があった。

一般的に、組織はより上位になればなるほど、より多様な事業や機能を束ねることになる。複数の課を部が統括し、複数の部を事業部や本部が統括するといった形となっている。社長になれば、すべての事業や機能を束ねることになるため、直接的なレポートを受ける対象である管理スパンも通常は大きくなる。社長でなくとも、3〜8程度の組織もしくは人を束ねる管理スパンを有しているのが標準的といわれている。従来型のピラミッド構造の組織だと理解しやすいと考えられるが、マトリクス組織や、近年注目が集まっているアジャイル型の組織であっても、その本質は大きく変わらない。

アジャイル組織では、スクワッドと呼ばれるプロジェクト的なグループがあり、複数のスクワッドを事業領域ごとに束ねたトライブという集合体が形成されている。それぞれのトライブにはリーダーが任命され、事業領域の責任者として執行役員がその役割を担うケースもある。したがい、組織の形態にかかわらず、組織の上位者が多様な事業や機能を束ね、より大きな責任を負うことになる。

一方で、執行役員がここまで屋上屋を架す構造になってしまうと、組織を束ねるという側面は希薄となる。企業によっては、上下の関係が1対1、良くても1対2という構造が縦に形成されることになる。その結果、上下の役割や責任の違いは曖昧になるものの、お伺いを立てるというプロセスは確実に増えることから、意思決定は遅れることになる。また、複数の事業や機能を束ねる場合でも、執行体制が重層的になることで、同じ事業や機能を担当する執行役員が複数いる状態が生まれる。このケースでも、多方面での確認や交渉のプロセスが増えることになり、意思決定の迅速化からは、かけ離れていく。

執行役員を廃止・削減する1つめの波

以上を踏まえると、日本企業は取締役会が膨張していた1990年代後半と同じ状況を、執行役員という階層で繰り返そうとしているといえるのではないだろうか。

いったん体制が形づくられると、既得権益が生まれ、組織的な慣性も働いてしまうことから、現状を打破し変革していくことが難しくなるのは世の常である。

しかし、すべての企業が現状に甘んじているわけではない。執行役員を導入したものの、当初の狙いが十分に得られなかったとして、方向転換を図る企業が出てきている。

ここからは、執行役員にメスを入れた動きについて、段階を追って見ていきたい。

上場企業の公開情報として、「執行役員制度廃止のお知らせ」というプレスリリースが目につくようになったのは、リーマンショックで世界経済が変調をきたした2008年頃といわれている。当時、廃止に動いたのは、上場会社といえども、社員数が1000人以下の企業が中心で、大企業というより中小規模の企業での事例が多かった。

廃止の理由を見てみると、「意思決定の迅速化」「経営の効率化」「取締役会の強化」などが並んでいる。それぞれの企業による事情は異なる部分もあるだろうが、これらの理由は、執行役員制度の導入の際に掲げられた目的と同じである。導入した理由と廃止した理由が同じという、まさかの事象が起こったことになる。

あるソフトウェア系サービス企業では、社長がリーマンショックの少し前から景気減速の気配を感じ取っていた。そこで社長は、拠点の縮小や一部事業の縮小などの方針を執行役員に対して指示をしていた。しかし、執行役員が仕切る現場からは「大丈夫だ」という回答が続いた。結局、現場の反応が鈍いことから事業縮小のタイミングが遅れ、軌道修正が間に合わなかった。縮小対象となった事業は、大きな固定費が先行する構造で、好況で受注が活発なときはよいが、景気が悪化すると、その費用を賄うことができなくなるモデルであった。景況感の見極めがカギとなる事業において、執行役員に任せすぎたことで、経営の機動性が失われたというのが社長の本心であった。結果的に、この企業では、取締役会のガバナンスが効いていなかったとの反省から、執行役員制度の廃止に踏み切った。

また、自動車メーカー向けの機器を製造する某企業でも、2000年に執行役員制度を導入し、2008年に廃止した。取締役と部長のあいだに、執行役員が現場のトップとして配されることになったが、取締役がなかなか権限を手放さなかった。一方で、執行役員も現場を把握しきれず、専門的な内容と現場がわかる部長クラスに直接ヒアリングせざるを得ない状況であった。監督と業務執行の分離を目指しても、取締役が最終決定権を握っている。そのため、執行役員に権限と責任を負わせるはずが、階層が１つ増えただけで、実態としては〝中抜き〟が発生してしまっていた。そこに、リーマンショックによる不況が襲いかかり、同社の経営に打撃を与えた。そこで、執行役員を部長に戻し、階層を減らすことで、意思決定の速さを取り戻す方向に舵を切ることになったのである。

他の企業からも、景気が上向きで、各事業がそれぞれ伸びているときには執行役員制度は機能していたが、事業の撤退や縮小の局面では機能しなくなったという声が漏れ聞こえる。本来であれば、現場に権限委譲を進めることで、経営の機動性が高まるはずである。しかし、執行役員の持ち場そのものの存亡を決めるときには、必ずしも上手く作用するとはかぎらない。

これらの事例を、体力のない中堅企業がリーマンショックに見舞われた特殊なケースとして、断じてしまうことはたやすい。しかし、経済環境や事業環境などの変化が激しさを増すなかで、攻めの経営と守りの経営がより混然一体となるのは、大企業も例外ではない。むしろ大企業こそ、いくつもの事業を抱え、攻めと守りを複雑に使い分けることが求められる。

ライフサイクルのステージや競争環境が異なる複数の事業に対し、持続的に企業価値を高めるため、事業ポートフォリオの変革や事業構造の転換がせまられている企業は少なくない。執行役員に現場を任せることで、市場の変化を機敏に察知し、事業の機動性を高めることにつながるケースも十分ある。一方で、事業の撤退や縮小局面では、自らが担当するテリトリーを執行役員本人が守ろうとする意識が働く可能性も大いにある。

こうしてみると、執行役員に何を任せ、逆に何を任せないかを見極めることの重要性をあらためて考えさせられる。

執行役員を廃止・削減する2つめの波

上述のとおり、リーマンショック後に起こった執行役員の廃止や削減の主役は、中堅以下の企業であった。しかし、２０１０年代に入り、その動きは大企業にも広がっていく。その一例が、日本を代表する企業のひとつであるトヨタだ。同社が執行役員を削減するというニュースは、メディアで大きく報じられたこともあり、記憶に新しい人も多いだろう。

２０２０年6月30日にトヨタはプレスリリースで、7月1日付けの役員体制の変更を発表した。それまで23人いた執行役員を９人まで減らすことになり、最高幹部は半分以下の布陣となった。一部の執行役員が兼務してきた本部長などは、執行役員手前の「幹部職」が就任する形に統一する。執行役員は社長と密に連携し、会社全体を見渡す役割を担う。一方、幹部職は実行部隊のトップとして、現場で即断即決即実行を進める役割を担うとされている。このニュースは驚きをもって迎え入れられたものの、急に降ってわいた話ではない。ここに至るにあたり、トヨタは段階を踏んで取り組んできた。

少し時間を遡ることになるが、２０１１年に取締役会を27名から11名にスリム化を図った。同時に、組織担当役員を廃止し、副社長・本部長への2階層へ意思決定階層の削減を行ったところからはじまる。２０１５年には、副社長の役割を「機能の執行責任者」から、「中長期視点での経営の意思決定と執行監督」に変更した。それに対となる形で、ビジネスユニットや地域、機能の業務執行は専務以下で完結させることになった。

執行体制の改革がさらに加速したのは２０１９年である。同年1月に、社長以下の執

図表4-6　トヨタの役員体制にかかわる主な取り組み

2011年4月	•取締役会のスリム化（27名→11名） •役員意思決定階層の削減（組織担当役員の廃止、副社長、本部長の2階層へ） •本部長には専務役員もしくは常務役員を柔軟に配置（専務取締役廃止）
2013年3月	•ビジネスユニットの設置 •地域本部の再編
2015年4月	•役員の役割変更 副社長は機能の執行責任者から中長期視点での経営の意思決定と執行監督に、ビジネスユニットや地域、機能の業務執行は専務以下で完結
2016年4月	•カンパニーの設置　機能軸から製品軸へ
2017年4月	•「取締役＝意思決定・監督」「執行役員＝業務執行」の位置づけを明確化 •取締役の人数を減少　社外取締役を含め9名体制（6月）
2018年1月	•社内外から高度な専門性をもつ人の登用拡大（グループ会社、社外、技能系等） •副社長は社長補佐役に加え、執行役（President）、本部長として自ら現場を指揮 •フェロー新設　高度な専門性、役員の人材育成の幅
2019年1月	•「幹部職」導入（常務役員／常務理事／基幹職1級・2級／技範級を統合）
2020年1月	•「領域長」廃止→統括部長・フェローへ
2020年4月	•「副社長」と「執行役員」を「執行役員」に一本化 執行役員を同格にしたうえで、チーフオフィサー、カンパニープレジデント、地域CEO、各機能担当に分け、役割を明確化。役割は固定せず適任者を配置

資料：トヨタプレスリリース「役員体制の変更、および幹部職の担当変更、人事異動について」（2020年6月30日）をもとに筆者作成

行役員は55人から23人へと約6割の削減を実施したのである。新制度では、副社長と専務役員を執行役員とし、それまで執行役員であった常務役員は廃止された。常務役員と部長のあいだに設けられていた常務理事とあわせて、幹部職として、部長・次長らと同じ職能資格に統合された。これまで常務だった人が、その他の管理職と同じランクになるということで、社内でも衝撃をもって受け止められた。

そして、2020年4月には、副社長を廃止し、副社長と執行役員を「執行役員」に一本化した。執行役員を同格とすることで、フラットな体制を目指した。それにともない、チーフオフィサー、カンパニープレジデント、地域CEO、各機能担当に分け、役割の明確化が図られた。これが上述の2020年7月のさらなる執行役員の削減につながるのである。

この一連の動きにおけるトヨタの狙いを一言で表現すると、「意思決定の迅速化」であろう。CASEと呼ばれる技術革新に直面し、自動車業界を100年に1度の大変革期と位置づけるなか、豊田章男社長の取り組みへの思いが同社のプレスリリースにも滲みでている。副社長を廃止し、執行役員へ一本化した、2020年3月3日付の発表では、階層を減らすことで社長が次世代リーダーたちと直接会話することにより、失われてきている「トヨタらしさ」を取り戻し、グローバルトヨタとしての経営を考える決意が述べられている。そのなかで、この取り組みが、激しく変化する外部環境に対応するための「適材適所」を機動的に実施していくために、改革の流れを推し進めるものと位置づけている。

また、執行役員を23人から9人まで減らすことを発表した、同年6月30日のプレスリリースでは、社長とともに経営を推進するメンバーを執行役員とし、プレジデント・地域CEO・本部長は現場リーダにあたる幹部職とする体制の変更という、改革のさらなる深化がうかがわれる。ここでも、役割の再定義と権限委譲を図ることで、これまでの「適材適所」を一層推し進めるものと改めて述べられている。

豊田章男社長が最初からどこまでの絵姿を描いていたかは定かではない。しかし、意思決定の迅速化に加え、次世代の経営層の育成までを視野に入れた取り組みとして進めている点は、おおいに学びを得られる。

執行役員にメスを入れた大手企業はトヨタだけではない。経営権をめぐる騒動で話題になったＬＩＸＩＬ（リクシル）も、２０１６年に役員待遇の幹部は１１４人から53人へと半減させた。それまで6階層あった執行体制を、社長、副社長、専務役員、常務役員、理事の5階層とした。従前の上席執行役員と執行役員を新設の理事へと一本化させることで、階層が1つ減った形となる。工具通販大手モノタロウを育て上げた手腕を買われて招かれた瀬戸欣哉社長が経営のスピードをあげるために、責任の明確化や意思決定プロセスの合理化を図る取り組みであった。2021年4月には、50名いた経営幹部の人数を32名まで減らし、階層のさらなる簡素化も進められている。

ロート製薬も2016年に、2002年から続いていた執行役員制度を廃止した。その理由を、「取締役の責任と権限を明確にし、経営の効率化、意思決定の迅速化を図ること、執行役員という枠にこだわらず、全管理職が責任をもって、機動的な業務執行を進めるため」としている。その結果、営業部門では「執行役員」が外れて「営業本部長」となるなど役割が明確になった。

また、ブリヂストンでは2021年1月に執行役員制度を廃止した。常務役員以上を「経営層」とすることで、経営層の人数をそれまでの約60人から約20人へと3分の1までに減らした。経営層は、各事業や各機能の最上責任者として、グローバルでの経営責任を担う役割となった。同社では、経営層だけでなく、組織階層そのものも5階層から3階層へとシンプル化することで意思決定の迅速化を目指している。

こうして見てくると、大企業ではとくに、意思決定の迅速化や、それに伴う役割および責任の明確化が執行役員の廃止や削減の狙いとなっていることがよくわかる。執行役員制度の導入目的が、いまや廃止を検討される目的になっているのは皮肉としか言いようがない。だからといって、現状を肯定し続ける理由にはならない。大企業であっても、そこまでの規模ではない企業であっても、1つめの波もしくは2つめの波で見てきた事例に、自社と何らかの共通点を見出せるのではないか。そう考えると、完全に他人事と割りきれる企業は少ないであろう。

第 5 章

“人”ではなく、“役割”で考える役員体制

1 専務や常務を廃止する企業の真の狙いは何か

誰も答えられない役位という概念

日本を代表するある大手企業で、社外取締役から「当社の執行役員には専務や常務がいるがどう違うのか？　何か区別する基準があるのか？」と訊かれて、担当者が困ったという話があった。執行役員ですら、その基準が曖昧なことが珍しくないなかで、専務・常務・ヒラ執行役員の違いを明確に説明できる企業が少ないことは容易に想像できる。

前章で触れたとおり、役位は、取締役時代の構造を執行役員層にそのままもち込んだ結果や、昇進という形の処遇を目的に追加された結果として、社内的な序列を示すにとどまっていることも多い。執行役員制度がそうであるように、これらの役位も各企業が独自に設定できるため、それ自体が悪いわけではない。しかしながら、外部から見るとわかりづらいのも事実である。日本の商慣行のようなものとして、日本人は何となく受け入れている印象がある。

一方、日本企業のグローバル化が進むにつれ、外国籍の社員も増えるなか、役位について、なかなか現地に理解してもらえないという声をよく耳にする。また、日本企業の株主構成における海外比率もかつてより高まっているため、アクティビストなども含めた海外の機関投資家との対話も増え、執行体制に関する指摘を受けることもある。

日本の企業では、長年、経営体制が役位で運用されてきたことにより、経営者の報酬が役位によって決められていることが多い。社長であればいくら、専務ならいくら、常務ならいくら、といった感じである。コンサルティング会社などから入手可能な報酬データも、役位で集計したものが一般的である。

ただし、ここにひとつの問題が隠れている。そもそも、役位の設定の有無もその位置づけも、企業によって異なる。社長であれば、どの企業も基本的にひとりであり、規模や抱える事業の複雑性などの要素を除くと、その役割自体に大きな差はない。しかし、それ以外の役員ではそうはいかない。先述のトヨタのように、社長直下かつ限られたポストとして配される執行役員と、社長・副社長・専務・常務といった重層構造の下位に位置する執行役員では、その役割にも責任にも大きな差が生まれる。もちろん、外部の報酬データは参考値でしかないため、それをもってすべてが決まるわけではないが、留意が必要な点であることは間違いない。

日本企業において、当たり前のように浸透している役位という概念について改めて問われると、執行役員という存在以上にやっかいかもしれない。多くの企業で役位は、ポストといった役割に紐づかず、人に紐づいている。執行役員規程は用意されていても、専務や常務、その他の執行役員をきちんと区分する記述がないことも珍しくない。

仮に、人に紐づいていたとしても、登用基準があればよいがそれも目にしたことがない。そもそも専務が何か、常務が何かが定かでないのに、説明力のある登用基準を設計するのは至難のわざだ。

それでも、部長から執行役員、執行役員から常務、常務から専務へと階段をのぼると、報酬水準は引き上がっていく。気がつくと、つい先日まで役位がついてなかった人が常務や専務となっているのを見かけることがある。実態として、役割がほとんど変わっていないこともあるが、そのたびに、年功や論功ではない理由が存在していることを切に願ってやまない。

改革へと向かうきっかけ

先に触れた社外取締役からの問いかけは、執行役員の報酬を検討するなかで投げかけられたものである。近年、役員報酬を見直そうという動きが増えており、コーン・フェリーへの相談も日に日に増してきている。よくよく話を聞いてみると、他の企業でも、社外取締役からの似たような質問や疑問が、検討の契機となっているケースが多い。

指名委員会等設置会社でなくとも、東証一部の上場企業で、任意の機関として、報酬（諮問）委員会や指名（諮問）委員会を設置するのが主流になってきているのは、第一部で述べたとおりだ。まだまだ形式的なレベルでとどまっているところもあるだろうが、委員会の場などを通して、こういった問いが投げられるのは悪いことではない。執行側への健全なプレッシャーとなり、日本企業におけるコーポレートガバナンスの発展へ向けた兆しとして、少なからず今後への期待を感じさせる。

というのも、役位への疑問は、単なる報酬の枠におさまらず、日本企業の執行体制のあり方に対する、根源的な問いかけであるからだ。これまでも、役員をテーマにした書籍は刊行されているが、報酬や選解任に関する技術論が大半のようである。そのため、強い執行体制を再構築するという視点での議論は不足していたように見受けられる。

これまでにあげてきた、執行役員を廃止・削減した企業のように、経営トップの強い危機感によって、改革に踏み切る企業はまだ限られる。しかし実際は、経営トップが、現状の経営体制や執行体制に課題感をもっていることは少なくない。だが、執行役員当人たちのモチベーションやプライドなどを気にして、取り組みに及び腰になってしまっている例は枚挙にいとまがない。ここに、社外取締役を筆頭とした外部の目が入ることで、改革に火がつくことがある。逆に、経営トップに課題意識がなければ、事務局がひたすら消火作業に奔走することになり、改革の火種はしぼんでしまう。

ある名門大手企業では、営業現場の最前線で、企業の社会的な信用を脅かす出来事が起きた。メディアでも取り上げられ、社長を先頭に、実態や原因の解明を進め、今後に向けた対策も講じられた。ここで言及したいのは、不祥事のメカニズムやコンプライアンスの問題ではない。実は、この出来事のなかで、この企業の執行体制のゆがみが明らかになったのである。

同社では、他の大手企業でも見られるような、執行役員に専務・常務・ヒラ執行役員といった重層構造が採用されていた。そして、一つひとつの事業や機能に対し、複数の役員が管掌や担当といった形で関与する複雑な体制となっていた。とくに問題となったのは、この不祥事の責任を誰が負うべきかであった。当然、最終責任は社長になる。しかし、不祥事は特定の部門で発生したことから、社内的な責任の所在も議論にあがった。この部門にも、担当役員と管掌役員がそれぞれ配置されていた。なお、担当役員と管掌役員では、役位として管掌役員が上位に位置づけられていた。しかし、「権限としては、管掌役員ではなく、担当役員にあることから、責任は担当役員が負う」というのが執行側の見解であった。これは、同社の社外取締役の目には奇異に映った。「だとすると、管掌役員とは何なのか。権限がなく責任を負わないのであれば、より上位の役員として高い報酬をもらうことに見合わないのではないか」という意見が大勢を占めた。一般的に、組織において、より上位にいけばいくほど、その役割と責任は大きくなっていく。だからこそ、より高い報酬が許容される。

この一連の議論をきっかけに、同社では、執行役員ひいては執行体制のあり方について、根本的に見直すことになった。

このケースでは、社外取締役からの指摘が誘因にはなっていたものの、経営トップもかねてより課題意識を感じていた。監督と執行のベクトルが揃うことで、改革へ大きく前進することにつながった一例である。

また、別の大手企業でも、社外取締役からの声をきっかけに、役位とは何なのかを定義づけようと試みたものの難航した。しかも、検討のなかで、役位と職務の大きさに相関がないことも明らかとなったのである。これを受け、同社では、役位を今後も継続するか否かも含め、あらためて検討し直すことになった。

外部を意識したジョブ（職務）型という考え方

前章でも少し触れたが、近年、従業員層を中心にジョブ型の人事制度を導入する動きが高まっている。メディアでもすでに導入された事例が頻繁にとりあげられ、ブームの様相を呈している。ジョブ型に対比する形で、これまでの日本企業の仕組みをメンバーシップ型と呼ぶことが多い。かつては、職能型や職能資格制度といわれていたが、最近はメンバーシップ型という呼称のほうが一般的になっている。ラベルの付け方はともかく、ジョブ型とメンバーシップ型という対比で見ると、まるで2つの制度が並立しているように感じるが、これは歴史的な背景や雇用政策などから起きている日本だけの話である。

海外で見ると、ジョブ型が一般的であり、それがグローバルスタンダードとなっている。「ペイ・フォー・ジョブ（Pay for Job）」が基本的な大前提となっているのである。ゆえに、海外にメンバーシップ型を説明しても理解されない。仮に理解されたとしても導入されることはない。大手を中心に日本企業のグローバル化が進んでいるが、国内はメンバーシップ型、海外はジョブ型という企業は多い。また、グローバルで等級（グレード）を統一化しようとする場合もジョブ型で、という議論になる。

少し個人的な解釈も入るが、ジョブ型とメンバーシップ型では、立脚している視点は異なるものの、本質的な目的に違いはない。ジョブ型は「役割（仕事）」を、メンバーシップ型は「人」を起点にしている。本質的に同じだと述べたのは、結局、役割と人がセットになってはじめて、価値が創出されるためだ。要は順番の違いで、メンバーシップ型であれば適材→適所となるが、ジョブ型であれば適所→適材となる。目指すのは、両者の適切なマッチングである。

ただし、目的が同じだからといって、そこで生み出される運用や結果が同じだとは限らない。メンバーシップ型がうまく機能する前提として、人の能力伸長にあわせて、より大きな役割が生み出されることが必要となる。そうでなければ、能力は高まったものの役割は小さいままという、ミスマッチが起こる。しかも、報酬は人に紐づくため、そのまま報酬とのミスマッチにもつながる。右肩上がりの成長の時代ならまだしも、いまの日本で、大きな役割をともなったポストを潤沢に生み出せる企業は多くはないであろう。

他にも、メンバーシップ型が人を起点としていることにより生じる問題がある。能力伸長が先にくることで、どこに向かって成長すべきかが曖昧になりがちである。そうなると、次の大きな役割を担うために、何が必要かという視点が疎かになる。目の前の仕事がそこに直結すればよいが、常にそうだとも限らない。ものごとが曖昧になってくると、より簡単に判断できるものに頼りたくなるのは人間の常である。

結果として、多くの日本企業では、能力伸長を年齢という指標で代替することになった。もちろん、年齢にともない、さまざまな経験を経ることで能力も伸びるという図式は完全に否定されるものではない。少なくとも、一人格で見れば概ねあてはまるだろう。しかし、企業は多数、かつさまざまな社員を抱えている。仮に同じ経験を与えたとしても、個々の成長には差が生じるため、年齢という指標に頼るのには限界があるのは容易に想像がつく。かくして、メンバーシップ型は、本来の適材適所から乖離していくのである。

一方、ジョブ型は役割を起点にしている。役割は、人の能力よりも相対的にとらえやすい。課長の能力は見えづらくても、課長の役割を語ることは容易だ。課長と部長の能力の違いを表現することは難しくても、役割の違いを書き分けることは、必ずしも専門家でないとできないことではない。対外的に説明可能であるというのが、ジョブ型のメリットの1つである。

これは、本来であれば、執行役員にもあてはまる。逆に、執行役員の役割がうまく書けないということは、そもそもの役割が定まっていないことの裏返しである。対外的に説明しやすいという点は、コーポレートガバナンスの高度化が求められる今日、さらに重みを増していることは言うまでもない。社内外のさまざまなステークホルダーに囲まれている企業にとっては、説明力を担保することは必要不可欠である。

ジョブ型のもうひとつのメリットとして、外部の人材市場への接続がある。グローバルではジョブ型がスタンダードだと述べたが、それは人材市場が流動的で、外部からの採用が当たり前となっていることも関係している。日本のメンバーシップ型は、崩れつつあるとはいえ、新卒一括採用と終身雇用と密接につながっている。各企業が独自に培ってきた職能的な基準は自社に最適化されたものであり、ガラパゴス化しているのが普通である。

そこでは、外部から人材を獲得するという考えは希薄である。事業環境やテクノロジーの変化が緩やかな時代であれば、仮に自社内のスキルや組織能力が不足していても、社内の人材を育てていくことで間に合ったかもしれない。しかし、環境変化が激しく、思いもしなかったプレーヤーが競合となりうるいまの時代において、自社の人材ですべてをまかなうことは現実的ではない。

ここ数年、各企業の中期経営計画のなかにDX（デジタルトランスフォーメーション）やAIといった言葉が目立つようになった。その意味合いは企業の文脈によって変わるだろうが、そのためのスキルが社内に不足することは間違いないようで、外部からの採用が必要とされる人材の代表例となっている。その結果、DXやAIに関わる人材市場の需給はひっ迫し、報酬も高騰している。

デジタル領域にかかわらず、新たな事業領域を次の柱に育てるにあたって、外部の人材を積極的に取り込もうとする企業は確実に増加している。ある大手総合商社では外部人材の採用増を行ったが、メンバーシップ型の制度により、中途採用者の等級を応募者の入社年次に当てはめることとなった。相対的に報酬水準が高い商社では、それでも成り立ってしまっていたのであろう。それだけが理由ではないが、結局この商社も含め、メンバーシップの閉鎖性に限界を感じたことにより、外部への接続がジョブ型を採用する目的のひとつになっている。

この外部の人材市場への接続は、執行役員とて例外ではない。むしろ、より大きな責任と権限をもち、成果が求められる執行役員にこそ、必要な視点といえる。従業員層であれば、人材育成の観点から、短期的には適所適材に目をつぶるケースも出てくることはある。だが、執行の責任者ともなれば、適所適材への厳格さが増してくるべきである。そうした場合に、社内に適切な人材が見つかればよいが、そうでなければ、外部にも目を向けて、より適切な人材を探すことは自然な流れであろう。日本においても、プロ経営者という存在が珍しくなくなってきている。また、DXを推進するためにCDO（チーフ・デジタル・オフィサー）を外部から招聘する動きも盛んだ。

従業員層でジョブ型人事制度の導入が進み、役割の明確化や成果責任が問われる時代となりつつある。それにもかかわらず、経営層だけがメンバーシップ型のまま、閉鎖的な世界にとどまっていてよいものだろうか。日本を代表する企業の取締役会では、こんな声が聞かれた。

「従業員の報酬・人事制度はジョブ型へと大胆に変わっている一方で、役員はそのレベルに至っていない。従業員が先に変わっているという状況に対して報酬委員会は解を出せなかった。来年は頑張ってほしい。」

2 役割でとらえ直すと何が変わるのか

日本企業の現在地

ここまでの話で日本企業の現状については十分に触れてきた感もあるが、もう1つ事例を紹介しよう。ある総合メーカーX社の話だ。

X社は、複数のメーカーが統合して1つの会社となった。多少規模に差があったものの、どのメーカーも大手企業として名が通っており、生まれた新会社は数兆円の売り上げ規模となった。統合へ向けた作業は難航したが、とくに、並行して行われた新組織の設計と人事制度の統合は、新会社が始動するぎりぎりまで続くものだった。各社の人事制度がメンバーシップ型もあれば、ジョブ型もあったからだ。異なる人事制度を統合する場合、基準の明確性や従業員への説明性の観点からジョブ型で構築することが多い。X社でもそうであった。

一般的にはジョブ型の人事制度を構築する際、トップポジションすなわち社長のポストを起点に、役職の上から順に職責の大きさを評価していく。そうすることで、企業の規模や特性を反映しつつ、組織構造や戦略上の重要性などを評価に織り込んでいくことが可能になる。したがって、従業員の人事制度設計であっても、社長を含めた経営ポストがすべからく評価されることになる。

X社でも当時の社長が明確な戦略を描いていたこともあり、同じ階層の経営ポストでもメリハリがきいた評価結果となった。しかし、ここからが話の本質となる。

従業員と執行役員の人事制度の設計は、通常、切り離されて行われる。X社も例外ではなかった。統合前の各社にはそれぞれ執行役員が置かれていた。その執行役員はそのまま新会社にもち込まれた。その結果、役員数は膨らみ、職責の大きさと連動しない配置が数多く生まれた。同じような役割で職責の大きさも同じポストに対して、専務がついたり常務がついたりした。役位と職務グレードの逆転が起きたケースもあった。まさに混沌とした体制ができあがってしまったのである。統合を円滑に着地させるためだったとはいえ、役割ではなく、人の処遇を優先させた結果を象徴する事例だ。

統合から数年後、X社は執行役員の数を減らし、経営体制の大幅なスリム化を実施した。そして残った執行役員は、当時測定した職責の大きさに限りなく連動していた。すでに素地は整っていたとしても、機が熟すには時間が必要だったのである。

企業ごとに背景や置かれている状況は異なっても、現状の執行体制において、これまであげてきたような課題に無縁な日本企業は多くはないだろう。そのため、執行役員を役割でとらえ直すという動きは、今後増えていくことが予想される。しかし、そこから導かれる世界は、執行体制のあり方にさらなる進化を促す可能性を秘めている。

執行体制の4つの発展段階

コーン・フェリーの日本企業における実績とグローバルでのベストプラクティスに照らした研究から、執行体制の発展段階は次の4つに示すことができる。

①「役位」という人起点での曖昧な運用の現状から、②「役割」起点で執行機能を再

図表5-1　執行体制の発展段階

4. 執行体制の再構築（真のチーム化） 一部の先進的な日本企業	• 取締役会と執行チームが健全な緊張関係をもちながら、戦略や変革を機動的に推進している • 全社的な変革や経営リソースの配分を大局的に判断・実行できる執行体制を再構築している
3. 適所適材の実現 先進的な日本企業	• 各役割を充足するための人材要件も定義され、それに沿って人材が可視化されている • 適所に適材を配するためのサクセッションを検討しており、差分を埋めるための育成施策や外部からの登用等も講じられている
2. 執行機能の再定義（「役割」起点での設計） 一部の日本企業	• ビジョンや経営戦略をもとに、各役員ポストに求められる役割の明確化を図っている • 定義された役割を起点に、職責の大きさに応じた処遇や評価指標が設計・運用されている • 上記が戦略と表裏一体で議論されている
1.「役位」起点での運用（現状） 多くの日本企業	• 役位に基づく処遇体系が基本となっている •「職務」ではなく「人」に紐づいた運用が多く、職責の大きさとの乖離が生じやすい • 加えて、職責自体が曖昧で戦略との接合が図れていないケースも

定義し、③適所適材の実現を図り、④経営チームとしての執行体制を構築し直す。

①「役位」起点での運用（現状）

- 専務・常務・ヒラ執行役員といった役位に基づく処遇体系が基本となっている
- 「職務」ではなく「人」に紐づいた運用が多く、職責の大きさとの乖離が生じやすい
- 執行役員の職責自体が曖昧で戦略との接合が図れていないケースが多い

②執行機能の再定義（「役割」起点での機能設計）

- ビジョンや経営戦略を起点に、各役員ポストに求められる役割の明確化を図っている
- 定義された役割を起点に、職責の大きさに応じた処遇や評価指標が設計・運用されている
- 上記が戦略と表裏一体で議論されている

③適所適材の実現

- 各役割を充足するための人材要件も定義され、それに沿って人材が可視化されてい

る

- 適所に適材を配するためのサクセッションを検討しており、差分を埋めるための育成施策や外部からの登用なども講じられている

④執行体制の再構築（真のチーム化）

- 取締役会と執行チームが「監督」と「執行」の健全な緊張関係をもちながら、戦略や変革を機動的に推進している
- 全社的な変革や経営リソースの配分を大局的に判断・実行できる執行体制を再構築している

多くの日本企業はこれまで見てきたように、①「役位」起点での運用が多いといえる。しかしながら、②「役割」起点への改革をはじめる流れも出てきている。とくに先進企業のなかには、③や④の段階へと移行しているところもある。そのことを事例で確認してみよう。

発展段階②のケース　執行機能の再定義（「役割」起点での機能設計）

・執行体制を明確なジョブ型に転換したA社

大手素材メーカーA社では、新社長の就任と同時に、大規模な事業ポートフォリオの改革を核とする新しい経営戦略を策定した。新社長は社長就任前から自社の役員の多さを問題視しており、自らが経営トップになったタイミングで大鉈を振るうことを決意していた。新社長は、新たな経営戦略をスピーディーに実行するには執行体制のスリム化と効率化が必須であると考えたのである。

A社では、多くの大企業と同様に役員の役位が階層構造になっており、執行役員の数も大きく膨れ上がっていた。そのうえ、各執行役員の役割と責任は曖昧なものとなっていた。新戦略の肝は、不採算事業を早期に切り離すか、徹底的なコスト改善を実施し、これからの重点事業には果断に投資を行うというものである。それらを実現するためには、各事業について明確で迅速な意思決定と、何があっても最後までやり切る不退転の覚悟が最も重要である。

しかし、誰が最終的な権限と責任を負っているのかは明確でなく、関与する重役が多数いる状況では、それは極めて難しいことであった。

新社長が主導する役員改革は、まず「人」ではなく「機能」で役員をとらえ直す作業からはじまった。戦略を実現するための組織体制に必要な役員のポストを設計し、機動性を重視した結果、役員ポストの数は絞られることになった。そのため、執行役員の人数も減数することになった。社内からの反発が予想されたが、新社長は役員ポストが外れた人の現在の報酬水準は一定期間は保証することにした。これにより円滑な移行を意図し、実利を追うことにしたのである。

それまでの人事制度にはもう1つ問題があった。執行役員の業績結果に対する責任意識の問題である。それまでは執行役員の役割と業績評価が曖昧模糊としていた。A社では管理職はジョブ型人事制度が適用されていたため、明確な責任に基づく業績評価が行われていたが、執行役員の評価はお手盛りに近い状態だった。これでは執行役員に業績結果への強いコミットメントが生まれるわけがなかった。しかも、執行役員の目標設定の方法も大きな問題であった。以前のA社では、事業計画は過去対比で作成されるため、中長期的観点から逆算して年度目標を立案する仕組みにはなっていなかった。よって、執行役員もそれに従っていた。

過去の延長線上では未来が描けず、未来は自らの意志でつくるものだとの強い信念を

図表5-2　執行体制を明確なジョブ型に転換したA社

要点

- 機動的で確実な経営戦略の実現に向け、効率的な執行体制を構想し、本当に必要な役員ポストだけを設置
- 現職者の戦略遂行に対するコミットメントを高めるべく、各ポストに適格な人材だけを役員として継続選任し、役割と密接に連動した報酬も導入

背景

- A社は、新社長の就任と同時に、大規模な事業ポートフォリオの改革を核とした新しい経営戦略を策定
- 新社長は、この戦略をスピーディかつ確実に遂行するためには、執行体制の効率化とスリム化が絶対必須と判断
- 他の大多数の企業と同様に、A社における役員の役割は不明確で、登用や評価の基準も曖昧模糊としたものであった
- そこで、戦略を起点に役員の“ジョブ”を再定義し、業績評価や登用の要件を明確化
- 結果として役員をスリム化するとともに、現職者の戦略遂行に対するコミットメントを向上させた

改革の概要

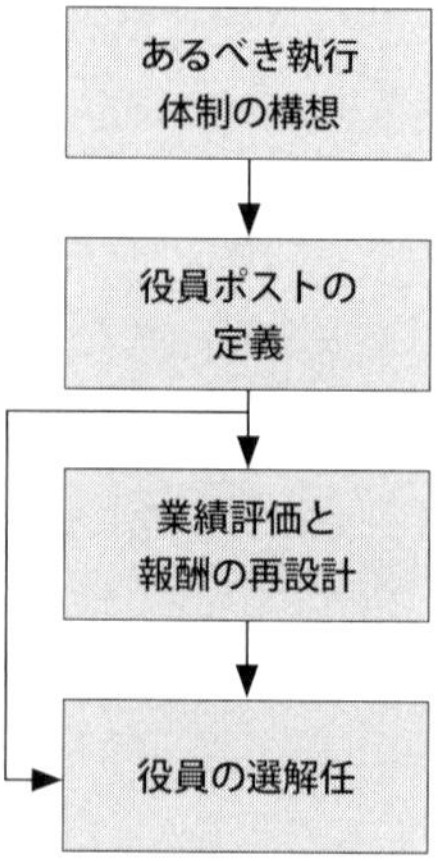

- 新しい経営戦略の実現に向けて、本社機能と各事業であるべき執行体制を構想
- あるべき執行体制に基づき、“人”ではなく、“ポスト”で各役員の役割と人材要件を定義
- 各役員ポストの役割に基づき業績評価の指標を設定し、報酬も役割との連動性を高める形で再設計
- 各役員ポストの人材要件に照らして現職役員にアセスメントを実施し、改めて役員の選解任を実施

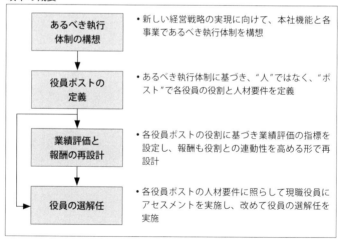

もつ新社長にとって、この問題は放置できなかった。

そこで新社長は執行役員に対して業績評価と目標設定の指導を自らが行うことにした。期初の目標設定では執行役員一人あたり4～5回の面談を行い、目標設定の意義から基準の決め方などを徹底指導した。期末の業績評価では各役員に結果への説明責任を求めて、結果への向き合い方を指導した。

これらの改革の出発点は、執行体制を「役割」で見直したことにある。A社のように「人」起点で役員をとらえてきた日本企業にとって、こうした制度改革を断行してもすぐには結果は出てこないかもしれない。しかし、A社がそうであったように、執行役員の意識変容は確実に促すことができる。

発展段階③のケース　適所適材の実現

・新たな要件に基づく執行役員の再配置を実施したB社

大手金融機関B社は、ある分野において圧倒的な強さを誇る商品をもっていた。ところが、国内市場の成熟化や競合他社の台頭によって、その商品の売り上げがほぼ横ばいになってきていた。持続的成長に向けて、新規事業の創造が必要な局面を迎えていたのである。

金融機関の組織体制は、営業・運用・業務といった機能別組織となっていることが多く、B社もその典型であった。一般に、機能別組織は各機能の専門性や効率性を高めるうえでは適しているが、新事業の創造やイノベーションなどには適さないといわれる。機能ごとの専門家は育成できても、全社を俯瞰して事業経営ができる人材を育てる仕組みにはなっていないからだ。新事業を生み出すには、顧客の声を聞いて、それに応えることができる組織設計が必要だ。それ行うには各分野の専門家には難しく、事業経営の志と能力をもつ人材が必要になる。

B社の執行役員層は、まさに専門家の集まりであった。自分の管掌部門は誰よりも詳しく、すべてを掌握していた。その一方で、全社を俯瞰して経営課題を論じるスキルは弱かった。新しい事業を生み出したくても、そのスキルを身につけてこなかったのだ。

そこで社長は、執行役員の役割と人材像を改めることにした。従来は執行役員の役割を各機能の最終責任者として定めて、人材要件も担当機能に熟達していることを重視するものであった。これが全社経営を色濃く反映したものに変更された。執行役員の役割は管掌部門の運営以外に、全社経営テーマの推進や持続的な成長への貢献に資する内容

図表5-3　新たな要件に基づく執行役員の再配置を実施したB社

要点

- これから必要となる執行役員の役割と人材要件をポストごとに再定義
- 新たな要件に照らして人材を再配置するとともに、継続的な適所適材を目指して各執行役員ポストでサクセッションプランも実施

背景

- 圧倒的な強さを誇っていた商品の伸びが鈍化したB社では、新たな事業の開発が大きな経営課題に
- 新規事業を軌道に乗せるには、経営が一枚岩になって新たな試みにチャレンジすることが必要であった
- ところが、機能別組織のB社では、役員であっても機能の専門家にとどまっており、経営目線をもって全社横断的な取り組みを実行する力が不足していた
- これを問題視した社長は、執行役員の役割と人材像を改め、これらの要件を満たす人材のみで強固な執行チームをつくり上げることを決意した

改革の概要

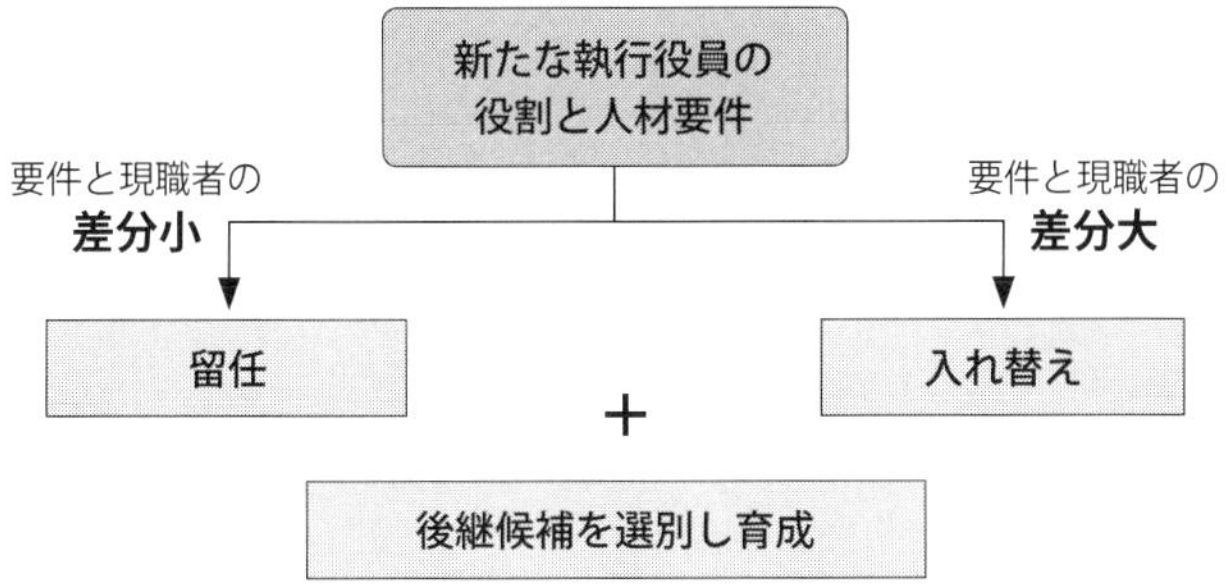

- 各執行役員ポストで新たな要件を定め、それを基準に現職者をアセスメント
- アセスメントの結果を参考に、現職者の留任か、入れ替えかを判断（入れ替えの場合、社外の人材も視野に探索）
- 加えて、継続性の観点から、各執行役員ポストのサクセッションプランも実施

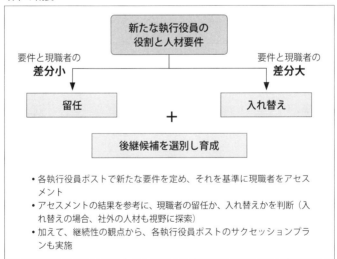

へと一新された。そして、人材要件も高い経営意識をもつ形へと更新されたのである。各執行役員ポストの役割定義と人材要件が見直されたうえで、適材の再配置が一気に進められた。適材の見極めは人材アセスメントにより客観性と合理性から判断された。最終的に留任と入れ替えが行われたが、入れ替えは社外からの採用もあった。とくに、今後の新規事業のカギを握るのはデジタル技術だとして、CDO（チーフ・デジタル・オフィサー）のポストは実績のある外部の人材を招聘した。

こうして適所適材による新体制が築かれることとなった。そして、継続的に適所適材の登用が行われるように各執行役員ポストのサクセッションプランが作成され、常に2～3人の後継候補を確保できるような取り組みも行われている。

発展段階④のケース　執行体制の再構築（真のチーム化）

・自社に適したCXO体制を構築したC社

中堅精密機器メーカーC社の社長にとって、かつてないほどの環境変化のスピードに対処するために、従来以上に経営の機動性を高めることが喫緊の課題だった。そのために同業他社に先んじて、社長の強いイニシアティブで役員改革を推進してきた。「監督と執行の分離」「執行役員ポストの役割の明確化」「各役員ポストのサクセッションプラン」などを進めたうえで、さらに執行体制を高度化するためにCXO体制の構築を本格化することにした。

詳細は次章に譲るが、CXOとは各機能における最高執行責任者のことであり、Xには機能名が入る。CEO（最高経営責任者）のEやCFO（最高財務責任者）のFである。米国発の役職名だが、監督と執行の分離の流れを受けて日本でも導入する企業が多いのはご承知のとおりだ。ただ、CXOの設置の仕方は各社各様だが、そこに明確な意味づけがないと問題が生じることもある。

C社の場合、まずは事業特性上、経営資源のうち「ヒト」と「カネ」の配分が何より重要であるとして、CFOとCHRO（最高人事責任者）の設置を決めた。次に、日本国内と海外拠点のアジアでは事業戦略が異なるため、それぞれにCOO（最高執行責任者）を置くCo－COO体制を敷くことにした。

こうして、CEOを含む5人のCXOで経営執行チームを組織し、戦略の決定と実行の機動性が図られることとなったのである。

図表5-4　自社に適したCXO体制を構築したC社

要点

- 機動的で強固な経営執行チームをつくり上げるべく、これまでの役員改革の総仕上げとしてCXO体制を構築
- 事業特性と戦略から、自社における重要機能と戦略遂行体制を検討し、C社独自のCXO体制を考案

背景

- C社の社長は、変化のスピードが増している経営環境に対処するためには、経営の機動性を高めることが課題だと考えていた
- そこで、C社では、これまでに「監督と執行の分離」「執行役員ポストの職責の明確化」「役員の人材要件に基づくサクセッションプラン」に取り組んできた
- さらに執行体制を高度化すべく、社長は本格的なCXO体制を構築することを決意し、自社に適した体制の形を検討
- 主力事業の特性や戦略を踏まえて、C社ならではのCXO体制を構築し、強固な経営執行チームづくりに邁進している

改革の概要

- 財務会計と人事を戦略上の重要機能として考え、CFOとCHROを設置
- メイン市場の日本国内とアジア（除く日本）で事業戦略が異なるため、それぞれにCOOを置くCo-COO体制を採用

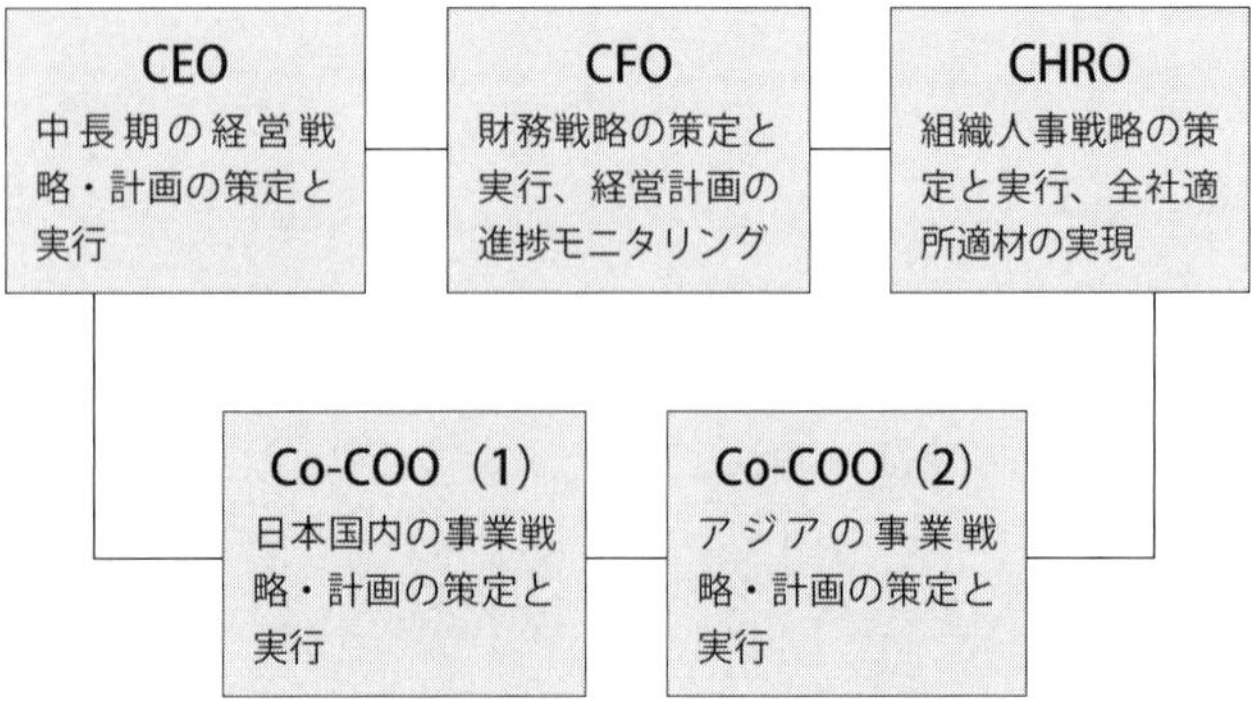

以上の3社に共通しているのは、経営トップの強い危機感からの制度改革である。そして3社の社長はいずれもオーナー社長でも外部から招聘されたプロ経営者でもない。生え抜き社長である。社内のしがらみや改革への抵抗などもよく知りながらも、それにひるむことなく改革を推進した。

執行体制の目指す姿

執行体制のあり方として、社長の下に執行役員が並列している状態がひとつの目指す姿となるであろう。執行役員制度の導入時の位置づけからしても、執行の責任者であれば、社長との間に階層的に役員を設置する必然性は高いとはいえない。

トヨタにおける執行役員は、機能を超え、社長と会社全体を見据えて経営を進めるメンバーと再定義されている。ここでのポイントは、執行役員の階層がフラットであること、そして会社全体を見渡す役割であることだ。逆にいえば、個別の事業や地域、機能を担当するポストは、あくまで実行部隊のトップという位置づけで執行役員からは切り離されている。

同様の動きが大手総合メーカーY社でも見られる。Y社は、2019年に執行役員の数をおよそ50人から3分の1ほどに減らした。グループ全体の経営責任を担うポストとして、カンパニーの社長と、CFOやCTO（最高技術責任者）などの全社を率いるトップポストのみを執行役員としている。それ以外の個別事業の責任者は新たなポストを設置し、従業員層に組み込んだ。執行役員を絞り込むことで、一人ひとりの役割を明確化し、グループ全体の経営最適化と意思決定の迅速化を図っている。同社では、役位がまだ残っているため、純粋にフラットになっているとはいえないものの、役割分担における重層化は避けられている。

仮に、執行役員層がスリム化されても、減った分がそのまま新たな階層として増えるのであれば、組織全体から見た効率化が図れているとはかぎらない。それでも、人数が減るなかで、個々の役割が明確になることは、執行体制の高度化に確実につながる。役員構造の重層化を抱える多くの日本企業にとって、まずは執行役員という存在を役割起点で見つめ直すことが、その先へ進む第一歩となるはずである。

一方、執行体制の高度化に向けては、発展段階は順を踏むことも大事になる。役割が明確にならないまま、人数だけを減らしても、本当の意味で経営の機動性は高まらない。

結局、あの人にもこの人にもお伺いを立てる状態が続くことになる。

また、近年、CGコードの追い風もあって、経営者のサクセッションが流行のようになっている。執行役員も広義の経営者として、サクセッションの文脈で検討されることも多い。そのなかでよく見られる例として、経営者を役割ではなく、茫漠とした「人」の概念のままとらえることで、そこで求める要件が「スーパーマン」化してしまうことも珍しくない。その結果、適所適材からは乖離し、強い執行体制の構築は不十分な形で終わってしまう。

CXO体制にも、そういった視点から見れば、課題が存在するといえる。次章はそこから述べていきたい。

第6章

経営体制の諸問題がもたらす執行体制の変革

1 CXO制が執行のあり方に与える影響

日本企業におけるCXO制の現状

近年、日本企業においてもCXO制を導入する企業は増えている。2021年5月27日付の日本経済新聞電子版によると、CXOの導入状況は、東証一部上場企業（2019年3月時点）では20％となっており、英国の上場企業（2018年6月時点）の60％強に比べるとさほど高くないように映る。ただし、TOPIX100企業では60％近くにのぼることから、大手有力企業での普及は進んでいるといえる。

そもそもCXO制は、監督と執行の分離が進む欧米において、健全な企業運営と迅速な意思決定を実践するためのコーポレートガバナンスの形態である。それを、日本企業が倣って取り入れはじめたという意味では、執行役員制度に通じる部分がある。

これまで述べてきたとおり、日本の執行役員と欧米のオフィサーの位置づけが異なるのと同様に、CXOの位置づけについてもまったく同じものとはいえない。さらに、CXOの設置の仕方は各社各様であり、その役割や責任のもたせ方も独自に設計することになる。

CXOの種類としては、CEO（チーフ・エグゼクティブ・オフィサー／最高経営責任者）やCFO（チーフ・フィナンシャル・オフィサー／最高財務責任者）などすでに日本でも浸透しているものから、近年ではCHRO（チーフ・ヒューマンリソース・オフィサー／最高人事責任者）やCTO（チーフ・テクニカル・オフィサー／最高技術責任者）、CSO（チーフ・ストラテジー・オフィサー／最高戦略責任者）といった役職も見られるようになってきている。まだ日本では馴染みが薄いが、同じCSOでもチーフ・サステナビリティ・オフィサー（最高サステナビリティ責任者）と呼ばれる役職がP&Gやイケアなど欧米のグローバル先進企業で導入されており、今後、日本企業でも広がっていく可能性がある。

個別企業で見ると、SOMPOホールディングスは2017年にCXO制を導入している。同社では2016年にCXOの導入に先んじて、「事業オーナー制」を採用した。事業オーナー制では、国内損保、国内生保、介護・ヘルスケア、海外保険の各事業部門のトップを事業オーナーと位置づけている。これにより、各事業オーナーは事業戦略立案・投資判断・人材配置などの権限と責任が委譲された。大きな環境変化に対処するために、顧客により近いところで柔軟かつ迅速な意思決定や業務執行を図ることを意図してのことだ。従来は、国内損保事業がビジネスモデルの中心だったが、少子高齢化の進展で国内損保へ過度に依存することに、今後の成長への危機感をおぼえたのが契機である。そこで、病気やケガを予防する健康分野、高齢化社会を見据えた介護、そして成長が期待できる海外へと事業ドメインの拡大を図ることになった。その変革の担い手を任されたのが、事業オーナーである。

その翌年の2017年には、各事業の執行を4人の事業オーナーに委譲したうえで、各機能領域の最高責任者としてグループCXOを設置し、グループ全体の最適化を図る体制へと進化させている。事業軸（タテ）と機能軸（ヨコ）の責任者を明確にしたマトリクス型のグループ経営体制である。そのなかで、各CXOの役割・権限・人材要件などを明確に規定している。

同社では現在、CFO（ファイナンス領域）、CRO（リスク管理領域）、CSO（戦略領域）、CIO（IT領域）、CDO（デジタル領域）、CHRO（人事領域）、CBO（ブランド領域）の7つの機能領域を設定している。しかし、それらは固定的なものではなく、グループを取り巻く環境や経営課題に照らして柔軟に見直すものと位置づけている。

同様の取り組みは、メガバンクの持ち株会社でも見られ、事業部門制とCXO制のマトリクス体制を採用している点は同じである。事業部門では、リテール、ホールセール、国際、市場といった、顧客セグメントごとに事業戦略を立案・実行する枠組みとなっている。そこに加えて、CXOを置くことで、グループ全体の企画・管理の統括者を明確にし、経営資源の全体最適を図っている。従来の銀行、信託、証券などの業態の垣根を超えて、横断的な事業戦略を展開することで、金融グループとしての競争力強化を指向していることがうかがえる。

一方、メガバンクによって濃淡はあるものの、銀行や信託といった各業態が、依然として公式・非公式に大きな権限を握っているケースもある。そのため、持ち株会社を中心としたグループ最適の経営が浸透するには、しばらく時間を要するところも出てくるであろう。

金融業界の例が並んだが、そのほかにも、執行役員制度の先駆けとなったソニーをはじめとして、エレクトロニクス、消費財、製薬、化学・素材、重工業といった多様な業界の代表的な企業でも、CXO制の導入は見られる。したがって、CXO制の導入は、特定の業種に制約されるものではなく、何を狙うかによって決まるものといえよう。

究極の狙いは全社的なポートフォリオ変革

各事業の最高責任者と各機能の最高責任者のマトリクス構造の経営体制であっても、CXO制を導入する企業の目的は、全社最適を図ろうとしている点では共通している。

ここでいう全社最適とは、変化のスピードが増す経営環境のなかで、持続的に成長するために、事業ポートフォリオを適切に入れ替え、変革していくことにほかならない。

事業部門のトップに責任と権限を委譲することで、各事業における戦略の立案・実行は迅速化が期待される。しかし、全社的な視点に立つと、これは部分最適の積み上げげにしかならない。どの事業も、安定的な環境で今後も成長が期待できるような状況なら、部分最適の集合が全体最適から大きく逸脱しないということもありうるかもしれない。

ただし、現実はそう簡単ではない。事業にも製品と同様、ライフサイクルが存在し、成長期から成熟期、衰退期といった流れがあるため、どこかで見極めをつける日が訪れる。

また、ＩＴ化やデジタル化が進む昨今、業界の垣根も曖昧になりつつあり、これまでとは全く異なるプレーヤーが突如競合となる可能性も高まっている。極端な言い方をすると、昨日までの稼ぎ頭が、明日も稼ぎ頭でいられるとは限らない。そのため、自社の事業ポートフォリオを不断に見直し、それに合わせて経営リソースを再配分していくことが求められる。

そこにおいてＣＸＯは、特定の部門に拘泥せず、全社的な立場から最適なポートフォリオを変革していくことが期待されるのである。加えて、ＣＸＯは各機能領域の最高責任者であることから、各事業部門に不足する機能を補うことや、全社横断でのガバナンスを高度化するといった役割も担うことになる。

事業トップと機能トップ（ＣＸＯ）のマトリクス型の経営体制では、その重要性は基本的に同等として設計されているケースが多い。その場合、取締役会の下位に位置する経営会議も、双方を構成メンバーとしているのが一般的である。タテ（事業）とヨコ（機能）の重さをどう位置づけるかは、各企業の戦略やビジネスモデルに依存するため、その設計のあり方に絶対的な良し悪しはない。

しかし、事業ポートフォリオの変革という側面を重視するのであれば、マトリクス型の体制では、その狙いを十分に達成するのは容易ではないであろう。同等に大きな責任と権限をもつ事業トップに対して、CEOを除く機能トップとしてのCXOが積極的に事業の縮小や撤退を唱えるのは、それなりにハードルが高いのではないかというのは想像に難くない。したがい、ポートフォリオを柔軟に入れ替えることを優先する場合は、責任や権限の面で、CXOを事業トップよりも上位に位置づけることが有効な手段となりうる。

ある大手素材メーカーは、カンパニー制を軸とした組織体制を採っていたが、CXOを明確にその上位に位置づけていた。同社のCXOは、CEO・CTO・CFOの3名で構成され、執行の意思決定はこの3名が行っていた。カンパニー長は、事業の運営に責任をもつものの、それはあくまでも、短中期での事業戦略とその実行に対してであり、中長期での戦略とリソース配分はCXOによってコントロールされていた。

素材産業でもやはり、事業のコモディティ化との闘いは避けられない。長年主力を担ってきた祖業が成熟化するのに伴い、今後成長が見込まれる事業領域へと積極的にリソースを再配置させていることが伝わってくる。

なお、ここでCXOは単一事業でも必要なのかという疑問が生じる可能性がある。仮に単一事業であっても、地域別での損益責任や製品カテゴリー別の収益責任があるとすれば、ポートフォリオという概念が適用できるため、CXOが全体最適を図る余地が生じうる。一方、損益責任で見ても単一であれば、CXOとして横串を通すという要素はなくなるため、本質的な意味でその必然性は薄れる。ただし、CXOという役職を設けることによって、誰がその機能の責任者であるかが明確になる点において、全く意味がないわけではないことは付記しておく。

第4章で触れたトヨタもCXOを最上位に据えることで、いままでにないスピードで激しく変化する外部環境に対応するために、全体最適を迅速に図る体制を整えている。トヨタのCXOのなかには、Chief Monozukuri Officerといった、モノづくりを重視するトヨタらしい役職も並んでいる。CEOやCFOのように、どの企業にも共通して設置されるもの以外は、企業によって多少なりとも異なるのが一般的である。なぜなら、どの機能を重要視してCXOと位置づけるかは、各企業の経営戦略や経営課題に沿って検討すべき事項であるからだ。そして、経営戦略や経営課題が不変でないかぎり、CXOをどのような領域に設置し、どのような役割とするかは、固定的なものとはならないはずである。

ある大手総合商社では、経営戦略の重点領域としてDX（デジタルトランスフォーメーション）を掲げ、各事業を横断した取り組みを推進している。それを象徴するのが、DX責任者の位置づけの変容である。当初は、1つの事業部門トップであったが、その後CDOとして任命され、さらには社長に次ぐナンバー2のポジションとして重責を担っている。

また、どの機能をCXOとするかは、何を重要な経営リソースとするかとも密接に関わる。消費財メーカーであればブランドが、製薬メーカーであれば製品パイプラインが、金融であればリスクアセットが、といったように、何をポートフォリオマネジメントの対象とするかが肝となる。逆にいうと、他の企業が設置しているからといって、必ずしも自社にとって本当に必要なCXOとは限らない。

次々に新たなCXOの種類が生み出されているが、経営戦略との結びつきが不明瞭なまま、何となく導入するのでは、真の果実を得ることは叶わないであろう。

したがって、自社に適した執行体制を構築するために、どのようなCXOチームを組成するかは、経営トップであるCEOの重要な仕事となる。

理想と実態に乖離が存在

日本企業は長年、事業部やカンパニー、地域などの事業部門を「主」とし、コーポレート部門といわれる管理・間接業務を担う機能部門を「従」としてきたところが多い。確実な成長が期待される市場や安定的な事業環境であれば、顧客や現場に近い事業部門が主導するほうが、スピード感をもって展開できる。全体最適を図るよりも部分最適で動くほうが、収益の極大化につながるというのは一定の理屈が成り立つ。

これは、日本企業の海外展開においても同様で、海外に早期にオペレーションを確立することが優先された。成長市場を迅速に取り込むためには、有用なアプローチだったといえるが、近年、グループやグローバルでの全体最適や収益最大化が重要な経営課題となっている企業も増えている。それに伴い、各機能が全社的に横串を通すことの必要性が高まっているという話もよく耳にするようになった。

一方、銀行をはじめとした金融機関のように、従来より人事部などの権限が強く、機能部門が「従」とはいえないケースはある。ただし、それはあくまでも、銀行という1つの事業体のなかでの話であり、単体を越えたグループ企業全体や、国内だけでなくグローバル全体で機能的な統括が進んでいるわけではない。

ある大手部品メーカーでは、事業領域にやや重複があった複数の主要グループ会社を統合し、グローバルでの経営体制の強化を図った。そこで目指したのは、カンパニー、機能本部、地域統括という3軸のマトリクスによる全体最適であった。従来は、カンパニーと地域を「主」とし、機能を「従」としていた。それに対し、新しい体制では、機能とカンパニーを「主」とし、とくに機能については、中長期的な戦略の担い手としての期待があった。明示的にCXOのラベルを付与していたわけではないが、CXO型の運営を志向していたのは明らかだ。

しかし実際には、機能側の権限が不明瞭であったことと、期待役割であった中長期の戦略を描ける人材を配置していなかったことから不十分なものとなった。結果として、カンパニーが主導し、それを機能本部がフォローするという従来の主従の関係から脱却できなかった。

日本企業では、CXOという肩書がついても、その実は、それまでのコーポレート担当役員や機能担当役員と何ら変わらないことがある。つい先日まで人事担当役員だった人が、いつの間にかCHROと呼ばれているケースがあるが、その役割や責任がほとんど変わっていないケースもある。また、期待される役割は拡がっていても、グループ企業全体やグローバル全体については、ほとんど関与せず、実質的には国内や単体限定にとどまっていることも珍しくない。

欧米から生まれた本来のCXOには、各機能に対する高度な専門性が求められるだけでなく、その専門能力を活かして、経営戦略の策定を担うことが期待される。コーン・フェリーの調査・研究に基づくプラクティスにおいても、CXOの役割として、「全社戦略の策定における参画と貢献」「取締役会との関係構築と高度化」「社外ステークホルダーへの代表」といった担当機能に閉じない、全社的な責任を負う項目が明確に定義されている。役割や責任が変われば、そこに配置する人材に求める要件も自ずと変わる。その点を踏まえると、機能担当役員がそのままCXOとして任用されてよいかは一考の余地がある。

さらに、経営トップとしてのCEOもCXOの1つであることから、その役割を果たすために、経営者としての専門性が必要になるという考え方も生じうる。日本企業では長年、究極のゼネラリストが経営者だという認識が強かった。プロ経営者という言葉があるとおり、CEOも1つの職務ととらえるのが欧米での標準的な考え方だ。漫然としたゼネラルローテーションによって、偶発的に経営者が育つことはあるかもしれないが、意図的に育てるのは難しい。社長にしても執行役員にしても、ゼネラリスト的に内部育成を続けてきた日本企業にとって、ここにも思想の転換が要求されることになる。

ある伝統的な日本企業で、あるべき執行体制を検討していた際に、CXO制も話題にあがったことがある。しかし、社長からは、「いますぐにCXO制を導入しても、果たして、うちの会社にその責務を十分に担いうる人材がどれくらいいるだろうか」という懸念が出された。CXOという職務と、自社人材の間に横たわるギャップを明確に認識したうえでの吐露であり、本質を突いた発言として、大変印象深い。

2 外国人CEOの出現が執行役員制に示唆すること

外国人CEO（社長）が日本企業でも徐々に誕生している

これまでの章でも述べてきたとおり、執行体制のあり方を決めるにあたって、執行のトップであるCEOや社長が果たす責任は重い。すなわち、トップ次第で執行体制が変わりうる。「役割」起点の考え方に立つと、トップが交代するということは、本来的には担うべき役割も変わっているはずである。少なくとも、そういった期待をもって託されるのが通例であろう。その期待の実現に向けて、トップは狙いに即した執行体制を築いていく。

したがって、トップのありようと、執行体制や執行役員のあり方は不可分ともいえる。こうした前提が存在するなか、執行体制を左右する社長のポストにおいて、まだ断片的ではあるものの、根源的な変化が見られつつある。それは、日本企業における外国人社長の誕生だ。

日本企業の外国人社長と聞いて、読者の皆さんは誰を想像するだろうか。その功罪が問われるカルロス・ゴーン氏は強いインパクトを残したが、過去であればソニーのハワード・ストリンガー氏、現在であれば武田薬品工業のクリストフ・ウェーバー社長あたりであろうか。

プロ経営者という言葉が、日本で認知度を得て久しいが、外国人が社長に就く例は、まだそこまで多いわけではない。その存在の珍しさゆえに、日本人のプロ経営者が外部から登用されることに比べると、依然として話題性がある印象を受ける。

そして、日本人のプロ経営者も同様であるが、外国人社長の評価についても定まっていないのが実情である。何をもって成功か失敗かを判断するのを一意に定めるのは難しいが、株主からの期待に応えるという点では、株価も1つの重要な指標である。

本質的には、企業価値を持続的に高めるために、どのような手を打ち、どういった成果をあげたかが問われる。それは、外国人社長、プロ経営者、生え抜き社長いずれであっても普遍的であるはずだ。しかし、生え抜き中心の日本企業において、外国人が社長になることはいまだにイベント的に見られることが多い。そして、〝あえて〟外部人材を選んだのだから、結果を出して当然というプレッシャーに晒される。本来であれば、生え抜きの社長であっても、CEOであれば同じ責務を担うはずだ。一方で、メディアを含めた周囲からの期待や批判の振れ幅は、外国人やプロ経営者のほうが確実に大きい。

ソニーのハワード・ストリンガー氏は、2005年の経営トップ就任から2012年の退任まで、在任期間は7年に及んだ。在任期間は短くなかったものの、その間の株価は、大きく上がることはなく、結果的に就任時より下がることとなった。ヒット商品も生まれず、停滞感が目立ったとの見方が大勢を占めており、退任時には5000億円を超える赤字に沈んでしまった。その後のソニーの再生は周知のとおりであり、苦戦が続く日本企業において、息を吹き返していることは喜ばしい。

ハワード・ストリンガー氏に話を戻すと、同氏は外部からの人材登用ではあるものの、いきなりCEOになったわけではない。米テレビ局のCBSの出身で、ソニー米国法人の社長などを経て本社のトップに引き上げられたため、内部昇格という位置づけである。同氏は退任時に、「ソニーは日本人の指導者のほうがうまくやっていける」と述べたそうだが、外国人と日本人という二元論で片づけてよいかは疑問の余地が残る。

武田薬品工業もクリストフ・ウェーバー氏が、グラクソ・スミスクラインから招聘されて就任した2014年以降、しばらくは株価が上がる局面もあったが、ここ数年は就任時より低い水準で推移している。

一方、国内の構造改革や海外シフトを積極的に進めてきたことに加え、2018年のアイルランドの製薬大手シャイアー社の買収といった大型のM&Aを主導した。まだ明確な成果につながっていないことに加え、改革に大きな痛みを伴ったことから、社内外での評価が定まらずにいる面は否めない。しかし、人口減少などにより縮小する国内市場から、海外へ大きく舵を切らざるを得なかったのも実情であろう。製薬ビジネスという性質上、結果が出るまでの時間軸は長く、一連の改革の効用はすぐには表れにくい。

とはいえ、就任からの年月を考えると、目に見える成果が求められるのは仕方のないことかもしれない。

日本板硝子やオリンパスでも外国人が経営トップに就いたケースがあるが、いずれも成果をあげることなく、短期での辞任となったため、失敗事例として語られることが多い。

国内では厳しい目に晒されることから失敗事例に目が行きがちではあるが、タカラトミーのハロルド・メイ氏や日本マクドナルドのサラ・カサノバ氏のように社長在任時に業績をV字回復させた成功事例もある。経営トップであれば成果で評価されるのは当然だが、それが外国人や外部人材になると批判的な目で見られるのは、調和を重んじ、同質性が高い日本社会の特徴による部分もあるだろう。

しかしながら、〝ヒト〟起点ではなく〝役割〟起点で考えると、その企業のある時点で期待される経営トップという責務は、日本人でも外国人でもプロ経営者でも変わらない。であれば、生え抜きの日本人社長であっても、同じだけのプレッシャーや厳しい目に晒されてもよいはずだ。

さらに、外国人がトップになることは、CEOのポジションに閉じる話では済まない。

ジョブ型というグローバルスタンダードに馴染む外国人経営者からすると、日本企業における説明しがたい役位という概念や、不明瞭な執行役員の位置づけが奇異に映る可能性は高い。CEO自身に期待される責務に応え、要求される成果を果たすために、現行の執行役員のあり方を良しとしないほうが自然であろう。だからこそ、CEOは成果の実現に向け、経営体制を見直し、執行役員を役割起点で再定義することになる。

その結果、「適所」に「適材」がいないとなれば、外部からの招聘も含めた役員の入れ替えが徹底される。武田薬品をはじめとして、外国人を経営トップに迎えた企業は、執行体制が一変しているのが一般的だ。いまの日本企業の執行役員のなかで、その変化を生き残れる経営人材が果たしてどれだけいるだろうか。改めて問われている。

外国人社長に期待されること

外国人社長や外部のプロ経営者に、期待されているものは何なのか。一言でいうと、抜本的な経営改革であろう。外国人社長であれば、グローバル感覚を求められることも多いが、それも日本市場中心の事業構造から、グローバル市場で戦う事業構造へ転換するというものである。自社の事業ポートフォリオを入れ替えようとすると、過去の主力事業の抵抗にあうといった、社内のいろいろなしがらみにとらわれる。既存とは異なる領域で新しいビジネスを生み出そうとすると、これまでのビジネスモデルのなかで培った経験や知見では、戦えないという事態も出てくるだろう。

ある大手メーカーでは、次のCEOを選定するにあたって、社内の後継者候補だけでなく、外国人を含む社外の候補者も含めた検討をはじめた。最初に、次のCEOに求められる要件の定義に取りかかり、「しがらみにとらわれず抜本的な事業ポートフォリオ変革を推進すること」や「今後の注力領域で新たな事業を創出・確立し、長期ビジョンを実現すること」などを盛り込んだ。そのうえで、欧米を中心としたグローバル規模での候補者の探索に着手し、ロングリストの作成を急ピッチで進めた。一定の条件によりロングリストからの絞り込みを行い、最終的には社内候補者と社外候補者による7名のショートリストができあがった。最終候補の7名に対しては、指名委員会での面談や外部アセスメントも実施した結果、次のCEOは外部の人材に託すという結論に至った。

同社の意思決定の成否を判断するのはまだ先であるが、選定に至るプロセスは、従来の日本企業とは一線を画すものであったのは間違いない。

激しさが増す競争環境において、低成長や低収益から抜け出せない日本企業は多い。むしろ、今後さらに増えていくことすら予感させるなか、変革を無縁と言い切れる企業は珍しいといえよう。長年、生え抜きの社長でやってきたからといって、変革に取り組もうとしてこなかったわけではないことは想像に難くない。しかし、いくら変革を掲げても、社内的なしがらみや配慮、抵抗から実現できなかったというのが正しいのではないか。だからこそ、社外の外国人経営者に、既存の延長線上にはない、抜本的な改革を託そうとする思いが顕在化してきているととらえることができる。その思いに応えようと、外国人経営者たちは、事業ポートフォリオの入れ替えやビジネスモデルの転換を図ろうと懸命になる。

と同時に、それらを推進するための執行体制にもメスを入れる。その結果が必ずしも成功を約束するわけではないが、期待された役割を果たすためには、現状維持という選択肢はない。変革を背負った外国人トップを支えるために、執行役員も明確な役割と責任を負うことになる。そして、各事業や各機能の最高責任者として、変革を担う個やチームへと、文字どおり〝変革〟することが求められる。逆に、それができない人材に居場所がなくなるという厳しい現実が待ち受けている。その点において、外国人CEO

の登場は、いまの日本企業の経営トップ、ひいては執行役員のあり方に一石を投じるものであることは間違いない。

3 経営者のサクセッション問題が執行役員制に及ぼす影響

経営者のサクセッション問題と執行役員

改訂以前のCGコードでも、取締役会が経営者のサクセッションに取り組むことが求められていた。そのため、指名委員会等設置会社でなくとも、任意の指名諮問委員会を設置し、経営者のサクセッションに取り組んでいる企業も増えている。経営者のサクセッションは、狭義にとらえれば、次のCEOの選任に焦点があたりがちだ。

しかし、将来の経営トップの役割を定義し、その要件を改めて検討していくと、執行役員のあり方や、後継者候補のプールとなる執行役員の育成のあり方へと、議論が拡がっていくことが潜在的に内包されている。

ただ、実態としては、企業によってその取り組み内容には隔たりがあり、まだまだ場当たり的な対応や形式的な取り組みにとどまっていることも多い。その理由の1つに、経営者が自身の後継者の選定に社外取締役の声を取り入れることに抵抗感を抱いていることがある。また、それ以上に、社内社外を問わず取締役に経営者のサクセッションに関する経験や知見がなく、その取り組み方がわからずにいる企業も少なくない。

コーポレートガバナンスが先行している欧米企業では、現任のCEOがしっかりとした経営者サクセッションにより選ばれている。それを経験したCEOが、社外取締役として他社のサクセッションに関与することになる。サクセッションへの取り組みが確立されている欧米企業とはその成熟度が異なるため、日本企業全体での取り組みが高度化していくのはこれからであろう。

一方で、日本においても、先進的な企業は存在する。社外取締役をしっかり巻き込み、社外への説明力や納得感を高い水準で獲得しているケースもある。さらに、サクセッションを短期的な取り組みとせず、次のCEOだけでなくその先のCEOまで見据えて、より若い世代の育成や登用までサクセッションの枠組みとしてとらえて取り組んでいる企業も存在する。

経営者のサクセッションに真剣に取り組もうとすると、執行役員という存在に焦点が当たることが珍しくない。なぜなら、ＣＥＯの後継者を議論するにあたって、一義的な候補者プールとなるのが、現役の執行役員とされることが多いからだ。

一方、経営者サクセッションでは、トップの役割を定義し、その要件を設計するのに対し、現状の執行役員の多くは明確な役割からはかけ離れた曖昧な存在にとどまっている。当然、その要件も不明瞭もしくは不在となっており、経営者の要件との接続も不十分となってしまう。結果として、執行役員制度が年功的であったり論功的であったりすればするほど、ＣＥＯの要件からの差分は広がり、候補者プールとしての質は担保できなくなる。

したがって、経営者のサクセッションを有効に実現するためには、ＣＥＯの候補者に足りうる層をいかに形成していくかも、執行役員制度に課せられた大きな使命のひとつといえる。

ある大手企業では、過去に企業合併を経験しており、長らく「たすき掛け」での社長登用が続いていた。当時の社長は、その現状に強い危機感を覚え、出身母体に引きずられない最適な後継者を選びたいとの思いがあった。そのためには、適切なプロセスと議論を通して、対外的にも十分に説明可能な水準にもっていくことがカギとなる。

まずは、社外取締役を中心とした指名委員会で、次のCEOに求められる役割と要件から議論を着手した。中長期のビジョンや戦略、会社の理念や業界特性などを起点に、社内外の取締役からの意見も組み込みながら、役割と要件に対する合意形成を図っていった。

そして、社長交代の時期を仮設定したうえで、時間軸に照らした候補者のロングリストを作成した。ロングリスト対象者に対しては、外部アセスメントも組み込み、これまでの実績も加味しながら、ショートリストへの絞り込みを行った。ショートリスト候補者については、個別の育成計画を策定し、その進捗状況を指名委員会でモニタリングしていった。そのなかでは、各指名委員との面談も定期的に実施することで、候補者に対する理解や洞察を深めることにも配慮している。

結果として、長年の課題であった「たすき掛け」を打破しただけでなく、ガバナンス先進企業並みのサクセッションの仕組みを構築するに至った。

同社は、さらに歩を進めており、経営者のサクセッションの検討に連動する形で、CXO制を含めた執行体制や執行役員の再構築にも着手している。

〝スーパーマン〟化しがちな経営者の要件

経営者のサクセッションの議論をしていると、往々にして、普遍的な経営者像を求める傾向がある。上述したとおり、究極のゼネラリストが経営者である、という考え方がいまだに残っている証左であろう。普遍的であればあるほど、すべてを兼ね備えた〝スーパーマン〟のような要件を課すことになるが、それを充足できる人材は少ないと言っていいだろう。結果として何が起こるかといえば、候補者全員が要件からかけ離れてしまい、要件との適合性との議論は遠ざかる。そして、全体的なバランスが取れているかどうかといった、何となくの相対感で選ぶことになる。

ある化学メーカーでは、2030年の長期目標の達成に向けた経営者の要件を検討していた。その目標が野心的であったため、既存の延長線では到底届かず、新たな事業基盤の開拓が不可避であった。次の経営者の役割や要件も、そこを起点に組み立てはじめていたが、社内の議論を経るなかで、「攻めも大事だが、守りも大事なはずだ」「変革だけでなく、バランスも取れる人でないと」といった意見が盛り込まれていった。最終的に、攻めも守りも、変革もバランスもとなり、当初の思惑からは乖離する羽目となった。

経験上、経営者に求めるコンピテンシー（行動・思考特性）の項目数は、多くても10

前後が望ましい。しかし同社では、何と20項目近いコンピテンシーが要件化されることになったのである。

そのような状況に陥らないためには、まずは長期的なビジョンや戦略を丁寧に紐解くことが出発点となる。

そこに向けて、現在の状況を踏まえると、次のCEOには役割として何が求められるかを明確にしていくことが必要だ。硬直化した事業ポートフォリオの抜本的な変革なのか、業績が悪化した局面での立て直しなのか、新しい事業領域を探索し、次の柱に育てることなのか、といったステージの違いによって優先されるべき要件は変わる。

ある大手企業の指名委員会で、経営者の要件を議論していた際に、経営者出身の社外取締役のひとりから、「次のCEOの選任までまだ時間があるため、現時点では長期的なビジョンや戦略から要件を定めることが必要だと思う。一方で、最終的な候補者を選定する際には、その時点での経営環境に応じて、要件のなかでも軽重をつけていくことが必要ではないか」という声が聞かれた。普遍的な要件を求めがちな日本企業のなかで、CEOを特定の時局での「役割」としてとらえている好例だ。

また、スーパーマン化しがちな経営者の要件に関して、もう1つの論点が存在する。

変化が激しく複雑な経営環境に対し、経営トップひとりで担うことには限界がある。時局に応じてCEOの役割が明確になっていたとしても、それを実現するには広範な能力が求められる。〝攻め〟が役割の主であった場合でも、〝守り〟が完全に不要になるわけではない。ある大手メーカーで新たに社長が就任した際に、新社長は「うちは構造的な赤字体質に陥っており、それを抜本的に変革するという局面であったからこそ、自分が社長に選ばれたと思っている。自分が改革の先鋒に立つのは得意だが、それが上手くいくためには、自分を支えてくれる副社長がバランスを取ってくれていることが不可欠だ」と語っていた。

CEOの役割を明確に定め、それに適した人材を社内外から広く求めることが重要であることは論を俟たない。しかしそれと同時に、そのCEOをいかにして支える執行体制を構築するかを、切り離さずに考えることが肝要である。

とくに、経営難易度が増す昨今、CEOの役割を明確にしたとしても、それをひとりでやり切るのは限界がある。経営を個としてではなくチームとしてとらえ、役割を適切に分担しながら、総体としての役割をいかに充足できる形に設計できるかが求められている。

ＣＥＯを中心に執行体制をいかに構築するかは、生え抜きの社長であっても重要であるが、外部人材を招聘するケースでは、より重さが増すことは想像に難くない。

現在の執行役員は部課長の延長⁉

これまで述べてきたとおり、執行役員の役割が不明瞭な日本企業が多い。むしろ、役位という〝ヒト〟起点で組み立てられていることから、ボトムアップでの積み上げになってしまっていることも珍しくない。結果として、トップダウンでその役割を定義しようとすると、現状の人材との間に大きなギャップが生じることになる。組織の基本原則は、上位になればなるほど中長期的かつ広範な戦略構想を、下位になればなるほど短期的かつ戦術・実行を担う。執行役員をボトムアップで定義してしまえば、単に実行を取りまとめる役割でしかなくなる。

日本企業の経営層に対するアセスメントを日々実施しているなかで、執行役員に共通する特徴として、〝市場や顧客への洞察を起点として、自社の事業や機能の戦略やビジネスモデルを構想する〟力が不足していることがうかがえる。逆に、社内の枠組みのなかで、戦術を練る、着実に実行するという面は秀でていることが多い。つまり、卓越した部長や課長が執行役員となっているということだ。

ある大手企業では、執行体制の高度化に向けて、執行役員の役割の再定義を図っている。積み上げによって築き上げられた役員という存在は、その役割も責任も曖昧になっていた。中長期戦略におけるキーワードとして、変革を掲げていた同社は、執行役員の役割を変革の責任者として位置づけた。その結果、従来の執行役員のなかでも、変革をリードする役割とその実行を担う役割とに仕分けする方向に舵を切った。

一方で、新たな執行役員として位置づけられるポストを充足できる人材が不足することから、段階的に移行していくことを計画している。

日本企業は長年、ボトムアップでの人材育成を重視し、ゼネラルローテンションを繰り返してきた。その結果、器用に仕事を回せて、用意周到に実行に落とし込んでいける人材が重用されてきた。しかし、これからの執行役員は、その延長線上では務まらない。

ＶＵＣＡ時代に突入し経営難易度が増す現在、執行役員に求められる役割は確実に大きくなりつつある。経営トップからも、執行役員に本来期待したい役割と、現行人材の能力との差分に悩んでいるという相談をもらうことが増えている。

この点については、執行役員が育っていないという言い方もできるが、本質的には、現行の執行役員制が部課長の延長線上での人材を育ててしまっているともいえる。何が執行役員の役割や要件として求められるかが明確でなければ、部長や課長といった過去の延長線上に答えを探すしかなくなる。ここから脱却するためには、執行役員制自体の思想を見直し、目指すべき姿を改めて示すことが欠かせないであろう。

現任の執行役員については、ゆっくり時間をかけて教育をする猶予は限られているが、できることはある。まずは、これまで実行を磨き続けてきたところから、経営課題を見極め、戦略を構想することへの思想の転換を図る必要がある。そのためには、本来求められる役割を明確にし、経営者としての視座やマインドを理解するところからスタートしなければならない。その際は、自社内に染まってしまった思考の枠組みを解きほぐすために、外部のトレーニングなどを活用するのもひとつの手であろう。

さらに、最も大事になるのは、経営トップ自らが執行役員に対してコーチングを行うことである。トップ自らが、期待する水準に向けて、執行役員の目線を引き上げるような働きかけが欠かせない。指示を与えるのではなく、質問を投げかけ、経営者としての思考プロセスを追体験させるイメージだ。

ある金融機関のトップは、自身の後継者候補である複数名に対して、任せている担当範囲を超える重要な経営テーマについて、会話をする機会を継続的に設けていた。経営者の目線をもてるようにガイドしていた。その候補者たちは、部長時代に受けたアセスメントでは、全社的な視点に関わる能力は十分な水準とはいえなかった。しかし、後継者候補として再度アセスメントをした際には、他の執行役員が部長時代から伸び悩むなか、当該能力において大幅な成長を実現していた。

一方、経営者や役員の要件を自社内ですべて賄うことは、今後ますます難しくなってくるであろう。現在の外部人材の招聘は、CDO（チーフ・デジタル・オフィサー）などの一部の役割にとどまっているが、今後増えていく可能性は十分にある。ある伝統的な食品メーカーでも、自社の戦略を踏まえて、執行役員のどこまでを自社内で賄い、どこからを外部に頼るのかといった見極めをはじめている。

本章では、近年の執行領域で関心を集めるトレンドを扱ってきた。CXO制の隆盛や、外国人CEOの誕生、経営者のサクセッションプランへの取り組みは、一見して、独立した事象のようにも映る。また、執行役員という存在からは、距離感があるのではと断じてしまいそうな事象もある。

しかしながら、執行という機能を、経営トップを中心とした体制としてとらえ直すと、そこには日本企業に根差した共通課題が見えてくる。1つめは、厳しい経営環境に対し、既存の延長線上にはない変革が求められていることだ。2つめは、その変革を実現するためには、執行機能を、現状の「ヒト」起点というボトムアップではなく、これからの「役割」起点というトップダウンで再定義することが不可避となっている点である。

経営トップを含む執行体制や執行役員のあり方に、再考を要する時代が眼前に迫りつつある。そして、そこにメスを入れられるのは、経営トップをおいて他にはいないであろう。

終　章

日本企業が世界基準に並ぶために

1 役員はもはや聖域ではない

役位に何の意味があるのか

取締役も執行役員も、日本企業にとってもはやアンタッチャブルな存在ではなくなった。アンタッチャブルどころか、日本企業が今後も永続的に発展するために、真っ先に改革をすべき対象になったとすらいえる。役員は、もはや聖域ではなくなったということだ。自らの意志で役員の改革に乗り出す企業もあれば、外圧によって、渋々、役員に手をつける企業もあるのは先に述べたとおりだ。いずれにしても、もう先延ばしにする理由が見つからない。

ここに1つ、興味深い実例をあげたい。ある伝統的な有名企業では2年ほど前から、

「副社長や専務、常務といった役位に何の意味があるのか?」

「役位に応じて処遇を決める理由は何か?」

といった疑問を社外取締役から投げかけられていた。

この企業の経営者は、これらの点に強い問題意識をもっていなかったが、何度も同種の疑問を投げかけられたため、対応せざるを得なくなった。そこで、役位というものに何らかの意味づけができるのか、検討をはじめたのである。後から意味づけを考えること自体、不自然な話ではあるのだが、とにかく重い腰を上げたのである。

まず検討を開始するにあたって、役位の意味について2通りの可能性を考えた。

1つは、①役位とは役割の大きさを示しているという可能性。つまり、担っている役割が大きくなればなるほど、役位も上がっているはずだ、そういう可能性である。

もう1つは、②役位とは将来の経営者を養成するための人材プールであるという可能性。副社長は社長の後継候補、専務は副社長の後継候補といったように、役位によって後継者の連鎖が紡がれている、そうした仮説である。この2つの可能性について、検証を行うことにした。

結果を先にいうと、今回の検証によって、どちらの可能性も否定されることになった。1つめの、①役位と役割との連動に関する検証には、職務評価の手法を用いた。各役員が担っている役割の大きさを、世界標準となっている評価手法を用いて測定したのである。

職務評価を通じて明らかになったのは、そもそも固有の役割が判然としない役員が存在することと、役位と職責の大きさは必ずしも相関しないということだ。役員における役割の不明瞭性については第4章に詳しいが、この企業でも、その問題が散見された。

例えば、本部長と副本部長のポストがあり、そのいずれの現職者も執行役員であった。本部長は常務執行役員で、副本部長は執行役員が就いていた。この両者の役割分担を何度聞いても、得心することはできなかった。もっと言えば、副本部長である執行役員の存在意義と役割が、論理的には説明できないものだったのだ。明らかに、処遇を意識した執行役員登用だったことがわかる。

もう1つ、②役位は将来の経営者を養成するための人材プールを表している、という可能性だが、深い検証を行うまでもなく、結論は見えていた。

この仮説に則ると、ヒラの執行役員→常務→専務→副社長→社長という役位の段階を経て昇格していかなければならないが、過去を振り返ると、実際には専務や常務から飛び級で社長になるケースのほうが多かった。また、明らかに論功行賞的に副社長になっている人もいれば、営業上、顧客への箔づけのために常務の役位を与えられている人もいるなど、とても人材プール論を裏づけできるような実態にはなっていなかった。

この事例が意味しているのは、日本企業の役員を語る際に不可欠である役位は、社外への説明力が極めて低いものである、ということだ。社外だけではなく、これまでは何となくそういうものだと飲み込んできた社員に対しても、合理的な説明ができないものである。この企業では、検証作業を行ったものの、社外取締役からの疑問に答えることができず、役員そのものの体制について、再考することになった。

経営側の取締役に関する問題意識

以上は、社外取締役からの問いが契機となって改革がはじまった例だが、一方で、経営側が起点となって役員にメスが入るケースも増えてきている。最近になって、日本企業の経営者も、自社の取締役（とりわけ社外取締役）に対して、問題意識をもちはじめるようになった。

例えば、海外で買収した子会社のボードに参加したある経営者は、そこで本社の取締役会よりも意味のある議論が行われていることに驚き、取締役の改革に着手する必要性を痛感したそうだ。

また、新たに社長に就任して、指名委員会と報酬委員会に出席するようになったある経営者は、ガバナンスを高度化させる施策を委員会で提案したものの、委員である社外取締役から「それは急進的過ぎる」と保守的な意見が出され、愕然としたそうだ。こうした社外取締役で、自社の企業価値を高めることができるのかと、取締役会の構成を再考する意志を新たにしたそうである。

同じようなことが、日本企業で少なからず起きているだろう。経営者のコーポレートガバナンスに対する意識の高まりに伴って、現在の取締役に対する問題意識も高まるという構図が明確に見て取れる。

しかし、いくらスキル・マトリックスを作成して、取締役会の構成を見直そうにも、肝心の取締役に十分な資質が備わっていなければ、改革は絵に描いた餅に終わってしまう。それは、社内取締役についても、独立社外取締役についても同様のことである。

2 改めて問われる役員の資質

「経営トップの経験」の意味

第3章で詳しく解説しているが、独立社外取締役に求められる要件を満たそうとすると、一言でいえば、経営トップの経験を有していることが極めて重要である。企業経営を高度化させる責を負っている社外取締役に、経営者としての経験を積んでいることが重要なのは、考えるまでもなく自明のことであろう。

ここで改めて深い考察が必要なのは、この「経営トップの経験」が意味している内容である。普通に考えれば、経営トップとは即ち社長、CEOのことを指す言葉である。しかし、現実を見てみると、社長を経験していない人でも、例えば副社長や専務といった役位を経た人材であれば、経営経験を有する社外取締役だと公言しているケースも存在している。

2021年の改訂CGコード施行後、株主総会が集中する6月末時点において、株式時価総額トップ100企業の株主総会の収集通知を見てみると、すでに過半数を超える企業でスキル・マトリックスが開示されていた。これは、改訂CGコードの要請に対して、各社が機敏に対応した結果であると言ってよい。それ自体はひとつの進歩と受け止めることができるが、各社のスキル・マトリックスの中身を詳覧すると、疑問が沸いてくる点がある。その代表的なものが、スキル・マトリックスを開示している企業群の全取締役のうち、実に6割程度が企業経営の経験を有している、という結果である（図表終－1）。

取締役のなかには、当然のことながら社内取締役と社外取締役が含まれている。その全員の約6割が、企業を経営した経験を有しているといわれると、正直なところ違和感を禁じえない。先述したように、正確を期するなら、企業経営の経験が指しているのは、社長としての、CEOとしての経験のはずである。そう考えると、社内外含めて、約6割の取締役に社長経験があるというのは、極めて現実的ではない数字だといえる。推測の域を出ないが、恐らく海外子会社のトップや、専務や常務といった、いわゆる経営陣の一角を担ったことがある人材であれば、経営経験を有すると判定している可能性が高い。

想像に難くないと思うが、あらゆる経営執行の最終責任を一人で背負わなければいけ

図表終-1　株式時価総額トップ100企業におけるスキル・マトリックス項目

全体の約6割が保有	• 経営経験 • グローバル経験
全体の約4割が保有	• 財務・会計 • 法務・リスク
全体の約3割が保有	• サステナビリティ • 業界知見
全体の約2割が保有	• IT・デジタル • 営業・マーケティング • 製造・開発 • ガバナンス • 人事

出所：時価総額トップ100企業の株主総会招集通知において開示されている各取締役のスキル保有状況を類型化して単純集計

ない社長と、社長の下に何人か存在する経営陣の一人とでは、責任の大きさも、下さなければいけない判断の重みも全く違う。

以前、コーン・フェリーでは、経営トップである社長と、副社長をはじめとする経営陣、加えて従業員の最上位ポストである本部長クラスで、職務の大きさにどれくらいの開きがあるかを調査したことがある。その調査結果は非常に興味深いものであった。社長と経営陣の間の差分のほうが、経営陣と本部長クラスの差分よりも遥かに大きかったのだ。つまり、副社長や専務など経営陣の職務というのは、社長よりも従業員に近いものであることを意味している。

一般に、社長や副社長、その他役員も含めて経営層と呼ぶ企業が多いが、職務の視点で見ると、社長だけが突出しており、その他と一緒くたにしてはいけないのである。社長と経営陣の間にこれだけ大きな溝があるのであれば、経験することで得られる視点や能力、経験を通じて血肉となる思考様式や哲学でさえも、両者では次元が異なるはずだ。企業経営を高度化させるために、どちらが本質的に取締役に求められている経験かは、あえて説明するまでもないだろう。

あるべき姿を語れば、各企業にたった一人しかいない社長、あるいはCEOの経験者を、社外取締役として招聘すべきだといえる。

社長経験者であれば、取締役として適格か

ここで、もう1つの論点を提示したい。「社長の経験者であれば、誰でも取締役として適格なのか？」という論点である。この論点を考えるには、これからの日本企業の経営を高度化させるために、とくに独立社外取締役が担うべき重要な役割を念頭に置く必要がある。

一般論的な話をすれば、これからますますＶＵＣＡな世の中になるといわれている。ご存じの方も多いと思うが、ＶＵＣＡとはVolatility（変動性）、Uncertainty（不確実性）、Complexity（複雑性）、Ambiguity（曖昧性）の頭文字を並べたもので、元々は軍事用語である。企業経営を取り巻く環境がかつてないほどに激変し、将来予測がますます困難になっていることを、ＶＵＣＡという言葉で表現しているのである。数年前から、日本でもＶＵＣＡ時代の到来が叫ばれてきたが、コロナ禍を経て、いよいよ本格的に将来を見通すことが難しくなった。

過去の延長線上では先々が見通せない、こうした現状認識に立って、中期経営計画の策定をやめる大企業すら出てきている。どんなに精緻に現状を分析して将来展望をつくったとしても、すぐに環境が変化してしまい、計画自体が無駄になってしまう、そういうことだろう。

こうしたＶＵＣＡの時代において、社外取締役には経営者の選任により深く関与し、経営陣が正しく機能しているか評価することが一層求められている。それらの役割を果たしていくにあたって、社外取締役の難易度が上がっているのは間違いないだろう。

非連続的な経営環境における真の経営者とは

ここで本論に戻りたい。企業での社長経験さえあれば、先行き不透明な時代において社外取締役の任が務まるだろうか。ここまでくればもうおわかりだと思うが、100%、イエスとは言えないはずだ。

現在、多くの日本企業は、継続的な成長と発展に向けて、極めて難しい状況を迎えている。これまでの屋台骨であった主力事業はすでにコモディティ化し、あるいはそのビジネスモデルも陳腐化してしまい、これからの収益源としては期待できなくなっている。そのため、事業ポートフォリオを大胆に入れ替えるか、新たなテクノロジーを活用してビジネスモデルを刷新する必要性に迫られているのだ。

これらの経営アジェンダを実行できる経営者を選び、自らが選んだ経営陣が正しい道筋を歩んでいるかをモニタリングするには、社外取締役には相応の経営経験が求められる。

では、あまねくすべての企業経営者に、事業ポートフォリオ改革や、デジタルトランスフォーメーションに代表されるビジネスモデル刷新の経験があるかといえば、絶対にそんなことはないだろう。むしろ、これまでの日本企業の経営者には、こうした経験が不足していると言っても言い過ぎではない。多少、極言かもしれないが、主力事業の安定的な運営こそが経営者の務めだったのである。どんなに優れていると評価されている経営者でも、判断を下すにあたっては自分の経験の枠を超越するのは困難である。

過去の延長線上において企業経営を心掛けてきた経営経験者に、VUCAな時代における社外取締役の任を求めるのは無理がある。もちろん、現役の社外取締役のなかにも、非連続的な現在の経営環境のなかで、的確な提言ができる人材はいるにはいる。そうした人材は、やはり過去に経営者として大幅な変革を主導した経験をもっている。しかしながら、その絶対数はまだまだ少ないのが現状である。

これからの日本企業を担う経営人材の課題

この問題は、単に社外取締役に限った話ではないと思う。本質的には、日本企業における経営人材の不足を意味している。経営人材とは、経営者だけに限らず、経営執行の責任を負っている執行役員を担う人材も含むべきだろう。

日本において、経営者を担える人材が不足しているのは、何もいまにはじまったことではない。だいぶ前から、日本企業各社では、次代を担える経営人材の枯渇に危機意識をもって、経営人材の育成に力を入れてきた。第6章でも述べているとおり、現役の役員に対する教育の必要性も、各社が実感しているところである。

このように、経営人材を養成するための取り組みは行われているが、現状では十分に育ってきていないのが実情であろう。

その原因はどこにあるのだろうか。端的にいうと、経営者としての力が鍛えられる場数が圧倒的に不足していることが、その最たる要因である。これまでの日本企業では連綿と社長が輩出されてきたわけで、経営者が育つ場が足りないというのは不自然ではないか、と思われる向きがあるかもしれない。

それも確かな一方で、ここで課題視をしているのは、これからの日本企業を背負って立つことができる経営人材の不足である。不確実性と不透明性が高まったＶＵＣＡの時代において、経営の執行を任せられる人材のことである。先述の社外取締役と同様の構図で、かつての経営環境であれば対応できる人材は存在するものの、これからの時代を乗り切れる経営人材がいないのである。

取締役と執行役員の両方ともに、その責を担う人材の資質が改めて問われているのだ。

3 役員の流動性がカギを握る

いま求められる経営人材の専門能力

一昔前に、プロ経営者という言葉が流行した。経営者として複数の会社を渡り歩き、とくに有事の際に社外から社長として採用され、改革を断行する人たちである。数年前には、社長は内部昇格するのが日本企業の通例であり、いきなり社外から経営トップを迎え入れることが極めて異例であったため、プロ経営者というキャッチーなキーワードとともに大きな注目を浴びた。いまでは、日本でも社外から社長を抜擢する企業が増えて、だいぶ一般的になってきたため、そのニュース性はかなり薄れてきている。

プロ経営者には、日本的なゼネラリストに対する反意語的な意味合いが含まれていたように思う。昔の日本企業では、経営者といえば究極のゼネラリストだという考え方が、大層を占めていた。経営トップとして意思決定を下さなければならない課題は多岐にわたるため、真のゼネラリストでなければ対処できない、そういう論理であろう。この考え方には一理あるとは思うが、社長やCEOなども1つのジョブであり、他の数多くのジョブと同様に、その責務を全うするためには専門性が必要なことも事実である。近年では、経営者もプロフェッショナルであるべき、という認識が日本でも広まってきている。むしろ、この認識のほうが一般的になっているといってもよい。

その背景には、いわゆるプロ経営者と呼ばれる人たちが増えてきた点も無視できないが、それ以上に、経営者の専門性に対する日本企業の需要の高まりがある。

いまの時代における経営者の専門能力を考えると、とくに重要なのは、さまざまな業種・業態のビジネスモデルを理解し、自社に適応できる力である。ビジネスモデルとは、それぞれの事業で収益を生み出すための構造を指している。換言すれば、誰にどんな価値を提供し、どうやって対価を得るかをモデル化したものだ。こうしたビジネスモデルを、自社の属する業界だけでなく、自社とは直接的に関係がないような、さまざまな幅広い業界のものを体験的に知っていることが、いまの時代では有効なのである。

自社の既存事業とは異なる領域で新しいビジネスを生み出すにも、自社の事業ポートフォリオを入れ替えるにも、あらゆる可能性を探索しなければならない。将来の事業機会を探索し、収益化するための構造を考え出すためには、自社のビジネスモデルをわかっているだけでは全く十分ではない。やはり、どれだけ多くの種類のビジネスモデルを知っているかで、事業機会の可能性が大きく変わってくるのである。その意味では、できるだけ異なる業種で、複数の企業経験を有していることは、経営者として有益だといえる。

また、総合商社や投資会社、コンサルティング会社などでの就業経験も、1社のなかで複数の業種、業界に携わることができるため、1つの有効な選択肢となり得るはずである。無論、一企業のなかでキャリアを築いてきた人でも、新規事業の開拓や、事業変革の経験があれば、さまざまなビジネスモデルに精通している可能性は否定できない。

しかし、大きく見れば、1社だけに閉じたキャリア形成では、新たな事業機会をつくり出すという点において、不利といえよう。

日本における役員流動性

日本では、役員クラスの人材流動性がまだまだ低い。コーン・フェリーは経営幹部の採用支援を行うエグゼクティブ・サーチ業も営んでいるため、その流動性の低さについて身をもって言うことができる。とはいえ、ここ数年で、日本企業が社外から執行役員クラスの人材を招聘する事例が増えてきてはいる。ただし、欧米先進国に比べれば、まだ一部にとどまっているのが現状だ。

例えば、CTO（Chief Technology Officer）や、グローバル企業の経験者など、自社では大きく不足している役員クラスの人材を、スポット的に採用するのが実態である。

しかし、以前に比べれば役員クラスの流動性が徐々に高まっているのは事実であり、この流れが不可逆的であることも間違いない。事実、執行役員のほぼ半数を社外からの採用者が占める大企業もあれば、外国人を積極的に役員として採用している大企業もある。なかには、将来的に社長へ登用することを念頭に置いて、まずは一役員として採用するケースもある。まさに、役員版の人材争奪戦が幕を開けた感がある。

ほんの一部の企業を除いて、役員といえば内部昇格が当たり前であった時代は、もう昔のことになりつつあるのだ。

4 世界と伍するために、日本企業が取り組むべきこと

経営の独自性を脱却し、標準化を推進する

取締役と執行役員の双方を強化し、企業経営を高度化させるにあたり、日本では経営人材の不足が本質的な課題であると述べた。また、これからの先行き不透明な時代を乗り切ることができる強い経営人材を育てるには、役員の流動性が大事になるのも先述のとおりである。大きな構造としてはそれで間違いないが、流動性の高まりを待つだけでは、成り行き任せになってしまう。個々の企業が努力すべきこととして、経営の標準化がさらに大きなカギになると考える。

日本企業は、とくに歴史が古い企業ほど、自社の独自性を美徳としている節がある。最近、注目を浴びているパーパスやビジョン、戦略といった類は、そもそも差別化を旨とするものであるため、独自であるほうが望ましいものだ。ただ、それだけでなく、意思決定の手続きや方法、組織設計の考え方、業務の手順など、パーパスや戦略を実現す

る手段についても、他社とは異なることを是とする、むしろ独自であることを賛美する傾向がある。それゆえ、経営のフォーマットが各社で大きく異なるのが、日本企業の1つの特徴であるといえる。

一方、欧米のグローバル企業では、経営のフォーマットを標準化しようとする努力が行われている。管理会計の仕組み、組織・権限の設定、ひいては業務プロセスといったところまで、一定のルールに基づき標準化がなされている。論じられることこそ少ないが、この標準化の度合いの差が、日本企業とグローバル企業の大きな違いである。

両者の違いを生んでいるのは、インクルージョン（受容）に対する意識差であろう。グローバル企業では、否応なく多様化が進んでいる。グローバル企業では国籍や性別は関係なしというのは当たり前で、さまざまな業界の出身者を自社に招き、活躍の場を与えようとする。言語、物事の考え方、価値観が異なる人材を社内に迎え入れ、すぐに成果をあげてもらおうとすると、独自性は大きな阻害要因となる。日本風にいえば、いろいろなご作法を学ぶところからはじめなければならない。しかも、そのご作法が自分の価値基準と相容れないものであれば、退職してしまうリスクすらある。多様な人材を活かすために、企業側は受け入れ態勢を整えておかねばならず、標準化はその大きな要素なのである。

日本企業はこれまで長い間、同質性の高い人材を集め、育ててきた歴史がある。同質性の高い人材を揃えることで、いわば阿吽《あうん》の呼吸によって、高い実行力を誇ってきた。意思決定には時間がかかっても、一糸乱れぬ実行力で戦ってきたのである。同質性の高い社会では、さまざまな文脈依存性が高まり、独自性が強化されていくのは自然の理である。

しかし、それがいまでは仇となってるのだ。せっかく、ある分野において高い評判を得ている人材を社外から高額で採用しても、その企業に馴染むことができずに、早期に辞めてしまう事例は後を絶たない。自分なりの職業哲学をしっかりともっている役員クラスの社外招聘になると、その傾向がより強まるようだ。経営フォーマットの標準化が進まなければ、いくら役員の人材流動性が高まったとしても、社外から招き入れた人材を定着させ、存分に力を発揮してもらうのは極めて難しい。

片や、企業を監督する取締役の視点に立っても、各企業の独自性が足かせになっていると思えてならない。取締役会、また指名委員会や報酬委員会において、社外取締役が言及するのは形式や手続きに関する事項が極めて多い。「どんな進め方でそれを決めたのか？」「この資料のまとめ方には、どんな意味があるのか？」など、およそ経営の本質とはほど遠いポイントについて、確認と議論がなされている例が決して少なくない。

本書のなかで何度も触れてきたが、社外取締役の資質に問題があるのも事実である。しかし、社内の業務執行取締役ほど、その会社の事業や業務を熟知しているわけではない社外取締役に、より本質に踏み込んでもらうためには、周辺での引っ掛かりをなくす努力が求められるはずだ。形式や手続きを標準化することで、社外取締役の意識と思考を、真の意味で経営に関する論点へ集中させるべきである。


ここまで、監督側の取締役と、執行側の執行役員の両方について、改革の必要性を説いてきた。ＣＧコードの適用に端を発する取締役改革は、多くの企業でまだ形式的な内容の域を出ないのは事実である。

ただし、内発的というよりは外圧によってはじまった改革だとしても、その中身が形式的なものにとどまっているとしても、改革に対する意識や関心が高まっている点には、一定の評価がなされるべきではないだろうか。

そもそも、取締役はいままで誰も触れようとしない奥の院だったことを考えれば、一歩前進したといってよいだろう。また、高尚な理想のもとに導入されたものの、内実は処遇の温床となってしまった感のある執行役員にも、改革の兆しが見られることは好意的に受け止めるべきだと思う。日本企業は大きな第一歩目を踏み出したわけだが、再び世界の覇権を取り戻すためには、ここで満足することなく、前進を続けなければならない。

取締役・執行役員の改革を、経営の高度化に結実させていくためには、日本における経営人材の不足を早期に解消させる必要がある。そのためには、経営のフォーマットを、グローバル基準に合わせて標準化する努力を欠かしてはいけない。日本企業の独自性が、美徳ではなくガラパゴス化してしまった現在、ガバナンスと執行体制の未成熟さについて、言い逃れは決してできない状況にある。

日本企業の、もっといえば日本という国の度量と胆力が、いま改めて試されているのである。

おわりに

社内でも、クライアント企業でも、海外のとくに欧米人と話をする際に、なかなか上手く伝えることができない用語がある。卑近な例でいえば、職能型の人事制度などは、相手がよほど日本の人事慣行に精通していないかぎり、言葉を尽くさないと正しくは理解してもらえない。同様に、執行役員も、外国人にきちんと伝えられない用語の典型である。

以前、日本のある大手メーカーで、グローバル人事の責任者をしている英国人の方と、経営陣のサクセッションについて議論したことがある。日本本社では、社内取締役に加えて、執行役員までを経営陣として位置づけていた。取締役はすんなりと表現できるのだが、執行役員になると的確に表現できる英語が見つからない。確実にBoard Memberではないし、Executiveというと意味が広範になり過ぎる。それでは、CXOならどうかというと、CEOもCFOも明らかにポストであり、この大手メーカーでは執行役員は限りなく人に紐づいていたため、正しい表現とはなり得ない。最終的に、執行役員は、取締役の後継候補プールだと説明することで、グローバル人事責任者の理解を何とか得たものの、かなり苦しい説明だった。

終章で書いたとおり、日本企業の経営フォーマットは、日本の独自色が非常に強く、そして多くが世界標準から見るとガラパゴス化してしまっている。大手メーカーの例は、その1つの象徴例である。この根本にあるのは、日本企業の同一性が高い、排他的な運営にあったことは、先に述べたとおりだ。近年、日本企業でもダイバーシティが一種の流行りになっている。ダイバーシティの背景にあるのは、進化論的な考え方である。多種多様な属性の人材を揃えて、組織の相転移を図ろうとするものだ。本書の主題の1つともいえるコーポレートガバナンスも、ダイバーシティの哲学に依拠したものである。取締役のスキル・マトリックスなどが、わかりやすい好例だろう。

改訂CGコードの影響で、主に監督側の多様性にスポットライトが当たっている節があるが、同様に執行側にもダイバーシティは欠かせない要素である。第6章で詳しく見たように、CXOに代表されるが、執行役員をポストとして再定義しようとすると、各ポストで求められる人材の質や能力はバラエティに富んだものになるはずである。とくに、これまでとは異なる成長戦略を描く企業ほど、その傾向は顕著になるだろう。自社とは異なる業界に属する人材や、外国人を役員ポストに登用しなければいけない企業は、今後ますます増えていくものと予想される。

ダイバーシティに正解などはない。少し前では、女性の役員比率が議論の中心となっていたが、女性の役員が多いからといって、企業の成長が約束されるものではない。外国人の比率にしてもしかりだ。外形的な多様性を追い求めることが、必ずしも正しいことではないのは、誰しもが頭ではわかっている。その一方で、明確な正解がないものほど、目指すべき基準を求めたくなるし、同一性を突き崩す意味では、女性や外国人の比率という尺度を頭ごなしに否定できるものでもない。問題は、本質を見失わずに議論を進めることができるか否かだ。

ダイバーシティと同じで、取締役改革、執行役員改革についても、どんな企業にでも当てはまるような絶対の正解は存在しない。コーポレートガバナンスは、米国が先進国であるのは間違いがないため、米国の先進企業の事例を参考にはできるし、一定のベストプラクティスと呼べるものもあるにはある。しかし、昨今のESGやステークホルダー資本主義のキーワードが示しているように、株主至上主義への偏重に対する反省が世界的に見られ、良いガバナンスのとらえ方自体が揺れ動いている。そのようななかで、日本企業は自分たちが目指すべき取締役会の姿を、自らの頭で思考していかなければならない。執行体制についても、単にグローバル企業のCXO制を模倣すればよいという簡単なものではない。執行役員改革の本分は、監督と執行の分離を前提に、戦略実行に向けて機動性と確実性が高い執行の体制を築き上げることにある。CXO制という大きな枠組みは、先行企業が生み出した学ぶべきひとつの型ではあるが、各社の戦略や状況に応じて、中身を煎じ詰めていかねばならない類のものである。やはり、一般解などは存在しない。

日本企業が再び輝きを取り戻すために、随分と批判的で厳しい見解も書いてきたが、経営の本丸ともいえる役員に改革の光が当たりはじめたことは、大きな進歩だと前向きに考えている。と同時に、ここからが日本企業の正念場だとも思う。形式的にお茶を濁して終わらせるのは簡単だ。多くのビジネスパーソンが役員改革に関心をもって、一家言をもつようになることが、形式を超えた本質に辿り着く近道だと信じている。

２０２１年９月

著者を代表して　柴田 彰

◎著者

柴田 彰（しばた あきら）

コーン・フェリー・ジャパン株式会社 コンサルティング部門責任者 シニア クライアント パートナー。慶應義塾大学文学部。PwCコンサルティング（現IBM）、フライシュマンヒラードを経て現職。組織・人事に関する幅広いテーマを取り扱うコンサルティング部門の責任者。近年は経営者のサクセッション、役員体制の改革、役員報酬の高度化、ジョブ型人事、社員エンゲージメントに関するコンサルティング実績が豊富。
著書に『エンゲージメント経営』『人材トランスフォーメーション』（いずれも日本能率協会マネジメントセンター）、共著書に『ジョブ型人事制度の教科書』（日本能率協会マネジメントセンター）、『VUCA 変化の時代を生き抜く7つの条件』（日本経済新聞出版社）、『職務基準の人事制度』『企業競争力を高めるこれからの人事の方向性』（いずれも労務行政研究所）がある。

酒井 博史（さかい ひろふみ）

コーン・フェリー・ジャパン株式会社 アソシエイト クライアント パートナー。大阪大学工学部、同大学院工学修士・経営学修士修了。JPモルガン（投資銀行本部）、ベイン・アンド・カンパニーを経て現職。大手企業の戦略策定から実行、経営変革に関するプロジェクトを支援。近年は経営者のサクセッション、役員体制の改革、人材マネジメントの高度化、ジョブ型人事などに関するコンサルティングを数多くリード。

諏訪 亮一（すわ りょういち）

コーン・フェリー・ジャパン株式会社 アソシエイト クライアント パートナー。京都大学工学部・工学研究科修了、ペンシルバニア大学ウォートン校MBA。金融庁、ボストンコンサルティンググループ（BCG）を経て現職。国内外の幅広い業界におけるグローバル競争力の強化や経営変革に関する数多くのプロジェクトに参画している。近年は、戦略と組織人事の双方の専門性を生かし、経営者サクセッション、組織変革・コーポレートガバナンス強化、大規模な人事制度改革などを支援している。

経営戦略としての取締役・執行役員改革

2021年9月25日　初版第1刷発行

著　者——柴田 彰　© 2021 Akira Shibata
酒井 博史　© 2021 Hirofumi Sakai
諏訪 亮一　© 2021 Ryoichi Suwa

発行者——張 士洛
発行所——日本能率協会マネジメントセンター
〒103-6009 東京都中央区日本橋2-7-1　東京日本橋タワー
TEL 03(6362)4339(編集)／03(6362)4558(販売)
FAX 03(3272)8128(編集)／03(3272)8127(販売)
https://www.jmam.co.jp/

装　丁——重原 隆
本文DTP——株式会社森の印刷屋
編集協力——根本 浩美
印刷所——シナノ書籍印刷株式会社
製本所——株式会社三森製本所

ISBN 978-4-8207-2951-8 C2034
落丁・乱丁はおとりかえします。
PRINTED IN JAPAN